RaumFragen:
Stadt – Region – Landschaft

Herausgegeben von
O. Kühne, Tübingen, Deutschland
S. Kinder, Tübingen, Deutschland
O. Schnur, Berlin, Deutschland

Im Zuge des „spatial turns" der Sozial- und Geisteswissenschaften hat sich die Zahl der wissenschaftlichen Forschungen in diesem Bereich deutlich erhöht. Mit der Reihe „RaumFragen: Stadt – Region – Landschaft" wird Wissenschaftlerinnen und Wissenschaftlern ein Forum angeboten, innovative Ansätze der Anthropogeographie und sozialwissenschaftlichen Raumforschung zu präsentieren. Die Reihe orientiert sich an grundsätzlichen Fragen des gesellschaftlichen Raumverständnisses. Dabei ist es das Ziel, unterschiedliche Theorieansätze der anthropogeographischen und sozialwissenschaftlichen Stadt- und Regionalforschung zu integrieren. Räumliche Bezüge sollen dabei insbesondere auf mikro- und mesoskaliger Ebeneliegen. Die Reihe umfasst theoretische sowie theoriegeleitete empirische Arbeiten. Dazu gehören Monographien und Sammelbände, aber auch Einführungen in Teilaspekte der stadt- und regionalbezogenen geographischen und sozialwissenschaftlichen Forschung. Ergänzend werden auch Tagungsbände und Qualifikationsarbeiten (Dissertationen, Habilitationsschriften) publiziert.

Herausgegeben von
Prof. Dr. Dr. Olaf Kühne, Universität Tübingen
Prof. Dr. Sebastian Kinder, Universität Tübingen
PD Dr. Olaf Schnur, Berlin

Weitere Bände in dieser Reihe http://www.springer.com/series/10584

Olaf Kühne

Landschaft und Wandel

Zur Veränderlichkeit von Wahrnehmungen

 Springer VS

Olaf Kühne
Universität Tübingen
Tübingen, Baden-Württemberg
Deutschland

RaumFragen: Stadt – Region – Landschaft
ISBN 978-3-658-18533-6   ISBN 978-3-658-18534-3   (eBook)
DOI 10.1007/978-3-658-18534-3

Die Deutsche Nationalbibliothek verzeichnet diese Publikation in der Deutschen Nationalbibliografie; detaillierte
bibliografische Daten sind im Internet über http://dnb.d-nb.de abrufbar.

Springer VS

Lektorat: Cori A. Mackrodt

Gedruckt auf säurefreiem und chlorfrei gebleichtem Papier

Springer VS ist Teil von Springer Nature
Die eingetragene Gesellschaft ist Springer Fachmedien Wiesbaden GmbH
Die Anschrift der Gesellschaft ist: Abraham-Lincoln-Str. 46, 65189 Wiesbaden, Germany

Inhaltsverzeichnis

Abbildungsverzeichnis

Einleitung: Zur Variabilität gesellschaftlicher Landschaftsverständnisse

Die Beobachtung von Wandel ist mit einer erheblichen Schwierigkeit verbunden: „Wandel kann man nicht sehen; er muss erfahren werden" (Dahrendorf 1972, S. 116). Hierbei zielt Ralf Dahrendorf auf die Problematik von Wissenschaftlern (er nutzt die Metapher des Reisenden), zwar mit großer innerer Distanz Zusammenhänge zu ermitteln, bei diesen Ergebnissen aber die Zeitlichkeit von Prozessen, den Wandel, außer Acht zu lassen.

Das vorliegende Buch befasst sich mit dem Wandel – und stellt damit einen Versuch dar, die von Dahrendorf konstatierte Schwäche wissenschaftlicher Bezugnahme – hier zu Landschaft – zu lindern. Rasche gesellschaftliche Veränderungen bedeuten auch zumeist deutliche Veränderungen in physischen Räumen. Ob die Energiewende mit der zunehmenden Präsenz von Windkraft- und Photovoltaikanlagen (siehe z. B. Kühne 2011; Leibenath und Otto 2013; Selman 2010; Stremke 2010; Weber et al. 2017), der damit verbundene Ausbau von Stromnetzen (Kühne und Weber 2015; Weber et al. 2016), die Attraktivitätssteigerung städtischen/innenstadtnahen Wohnens (z. B. Gebhardt und Wiegandt 2014; Kühne 2016a; Redfern 2003), die Deindustrialisierung (Hauser 2001, 2004; Kühne 2007; Vicenzotti 2006), der Ausbau von Verkehrsinfrastrukturen (z. B. Brettschneider 2015; Reuter 2001), aber auch der Übergang zu einer naturnahen Waldwirtschaft (Kühne 2015b) und vieles mehr: In vielen Fällen unterliegen physische Räume der Veränderung, war zu einer Herausforderung für gesellschaftliche Raum- und Landschaftsverständnisse wird. Doch nicht allein die physischen Grundlagen von Landschaft unterliegen einem Veränderungsprozess, sondern auch die gesellschaftlichen Deutungen und Bewertungen von Landschaft. Finden sich in den vergangenen Jahren bereits zahlreiche Untersuchungen über die kulturell differenzierte Zusammenschau von materiellen Objekten sowie die diesen zugrunde liegenden sozialen Deutungen und Bewertungen (Bruns 2013; Bruns und Kühne 2013, 2015 und ausführlich bspw. die Beiträge in Bruns et al. 2015), unterschiedliche Bewertungen und Deutungen physischer Räume durch Personen unterschiedlichen Alters (Kühne 2006, 2015b), aber auch dem Einfluss von

© Springer Fachmedien Wiesbaden GmbH 2018
O. Kühne, *Landschaft und Wandel,* RaumFragen: Stadt – Region – Landschaft,
DOI 10.1007/978-3-658-18534-3_1

Professionalisierungsprozessen auf die Bewertung von als Landschaft bezeichneten Räumen (Burckhardt 2006; Kühne 2008b, 2015a), bilden Trendstudien zur Identifikation – und Quantifizierung – der Veränderung der Deutung und Bewertung von Landschaft die Ausnahme (wie z. B. Hunziker 2000, 2010). Der vorliegende Band befasst sich dezidiert mit diesem Themenfeld.

Der diesem Band zugrunde liegende theoretische Ansatz geht in sozialkonstruktivistischer Tradition davon aus, dass sich Landschaft nicht als physischer Gegenstand beschreiben lässt, sondern sie vielmehr ein individuelles und soziales Konstrukt ist. Landschaft entsteht also durch den Abgleich zwischen Wahrgenommenem mit durch soziale Vermittlung Erlerntem und emotionalen Besetzungen auf Grundlage von „Gefühlskonventionen" (Hasse 2000, S. 117). Wenn also die Konstruktion von Landschaft – dies stellt die zentrale Hypothese dieser Untersuchung dar – Ergebnis sozialer Konstruktions- (einschließlich Deutungs- und Bewertungs-)Prozesse ist, ist sie keineswegs stabil, sondern variabel. Wenn sie variabel ist, ist dies mit Konsequenzen für den gesellschaftlichen (insbesondere politischen und administrativen) Umgang mit Landschaft verbunden – wird doch in den Bewertungen des ‚Landschaftsbildes' von einer intra-, implizit sogar intergenerationellen Stabilität (globaler Gültigkeit) ausgegangen (siehe hierzu die zusammenfassenden Untersuchungen von Augenstein 2002; Roth 2006, 2012).

Die sozialkonstruktivistische Landschaftstheorie wird in Kap. 2 in gebotener Kürze vorgestellt, soweit sie für das Verständnis der weiteren Ausführungen erforderlich ist. Für eine vertiefte Auseinandersetzung mit der sozialkonstruktivistischen Landschaftstheorie sei auf Greider und Garkovich (1994) und Kühne (2008b, 2013) verwiesen (das letztgenannte Lehrbuch ‚Landschaftstheorie und Landschaftspraxis' wird zudem in Kürze in einer aktualisierten und überarbeiteten zweiten Auflage erscheinen, sodass hier ein aktueller Überblick über die Thematik vorliegt). Im darauffolgenden Kapitel wird auf den aktuellen Forschungsstand zur gesellschaftlich differenzierten Konstruktion von Landschaft eingegangen (Kap. 3). Dies betrifft einerseits die Genese des Landschaftsbegriffs im deutschen Sprachraum und dazu kontrastierend in anderen Sprachräumen und andererseits auch die Genese und Ausprägung von expertenhaften Sonderwissensbeständen in Bezug auf Landschaft und die unterschiedlichen Landschaftsdeutungs- und Bewertungsmuster unterschiedlicher Alterskohorten. Kap. 4 befasst sich – als Hauptteil des vorliegenden Bandes – darüber hinaus mit der Frage, wie sich gesellschaftliche Landschaftsverständnisse in relativ kurzen Zeiträumen (hier einem Dutzend Jahren) signifikant ändern (können). Basis dieses Kapitels ist eine Trendstudie, deren erster Erhebungszeitraum auf das Jahr 2004 datiert ist und Teil meiner Dissertation im Fach Soziologie war (Kühne 2006). Die Vergleichserhebung erfolgte mit demselben Untersuchungsdesign, sowohl hinsichtlich der Stichprobenziehung, des Fragebogens als auch der Auswertung. Den Abschluss bildet das Fazit mit einer Diskussion der Ergebnisse vor dem Hintergrund des Umgangs mit Landschaft; schließlich erscheint angesichts der darzulegenden Differenziertheit der Landschaftsdeutungen und -bewertungen die Unterstellung eines allseits geteilten Landschaftsverständnisses sehr zweifelhaft.

Die sozialkonstruktivistische Landschaftstheorie – Grundlagen und Konsequenzen für die Landschaftsforschung

In den Raumwissenschaften hat sich in den vergangenen drei Jahrzehnten zunehmend die Perspektive verbreitet, Landschaft nicht mehr als physischen, objektiv gegebenen Gegenstand oder als Wesen zu betrachten, sondern als soziale bzw. individuelle Konstruktion (siehe unter vielen Claßen 2016; Cosgrove 1984; Duncan 1995; Gailing 2012; Gailing und Leibenath 2012; Greider und Garkovich 1994; Hook 2008; Kilper et al. 2012; Kühne 2006, 2008b, 2013). Diese Sichtweise lässt sich auf die Wissenssoziologie von Berger und Luckmann (1966) und die phänomenologische Soziologie von Schütz (1971 [1962], 1971) sowie den symbolischen Interaktionismus nach Blumer (1973) zurückführen. An die Stelle ‚eines naiven Realismus‘, also „eines bedingungslosen Glaubens an die Realität dessen, was wir wahrnehmen" (Wetherell und Still 1998, S. 99), oder eines essentialistischen Glaubens, Landschaft habe ein eigenes Wesen (vgl. Chilla et al. 2015; Egner 2010; Kühne und Weber 2017a) ist die Erkenntnis getreten, die Erlangung von absolutem Wissen über die Welt (und auch sich selbst) sei schlussendlich unmöglich (Berger und Luckmann 1966). Ausgangspunkt dieses Ansatzes ist, Wissen (vorwissenschaftliches, wie auch wissenschaftliches) sei auf (letztlich nicht wissenschaftlichem) Vorwissen gegründet. Entsprechend ist Wahrnehmung kein isoliertes Ereignis, vielmehr ist sie das Resultat „eines sehr komplizierten Interpretationsprozesses, in welchem gegenwärtige Wahrnehmungen mit früheren Wahrnehmungen" (Schütz 1971 [1962], S. 123–124) in Beziehung gesetzt werden. ‚Konstruktion‘ bezeichnet in diesem Kontext entsprechend „keine intentionale Handlung, sondern einen kulturell vermittelten vorbewussten Vorgang" (Kloock und Spahr 2007 [1986], S. 56), schließlich ist der größte „Teil des Wissensvorrates des normalen Erwachsenen nicht unmittelbar erworben, sondern ‚erlernt‘" (Schütz und Luckmann 2003 [1975], S. 332). Beim Vorgang des Wahrnehmens fließen Abstraktionen in Form von Vorwissen über die Welt (einschließlich über sich selbst) ein (Schütz 1971), weswegen es „nirgends so etwas wie reine und einfache Tatsachen" (Schütz 1971 [1962]) gibt (ausführlicher siehe Burr 2005), denn Menschen handeln gegenüber „‚Dingen‘ […] auf der Grundlage der Bedeutungen […],

© Springer Fachmedien Wiesbaden GmbH 2018
O. Kühne, *Landschaft und Wandel*, RaumFragen: Stadt – Region – Landschaft,
DOI 10.1007/978-3-658-18534-3_2

die diese Dinge für sie besitzen" (Blumer 1973, S. 81). Diese ‚Dinge', die für Menschen eine individuelle, aber auch eine mit anderen geteilte Bedeutung haben können, lassen sich als jenes verstehen, „was der Mensch in seiner Welt wahrzunehmen vermag – physische Gegenstände, wie Bäume oder Stühle; andere Menschen, wie Freunde oder Feinde; Institutionen, wie eine Schule oder eine Regierung; Leitideale wie individuelle Unabhängigkeit oder Ehrlichkeit; Handlungen anderer Personen, wie ihre Befehle oder Wünsche; und solche Situationen, wie sie dem Individuum in seinem täglichen Leben begegnen" (Blumer 1973, S. 81). Die Relevanz von ‚Dingen' entsteht „aus der sozialen Interaktion, die man mit seinen Mitmenschen eingeht" (Blumer 1973, S. 81). Dies bedeutet, dass ‚Dinge' – also auch ausdrücklich materielle Objekte – nicht als objektive Gegenstände verstanden werden, vielmehr werden sie zu „Interaktionspartner[n]" (Gebhard 2016b, S. 170), sie werden „zu Elementen eines persönlich gedeuteten Lebens und erhalten dadurch eine persönliche Bedeutung" (Gebhard 2016b, S. 170).

Mit der sozialkonstruktivistischen Sichtweise ist eine Abkehr von Fragen verbunden, wie denn ‚die objektive Wirklichkeit' beschaffen sei (wie in positivistischen Forschungsprogrammen) oder wie sich dem ‚Wesen der Dinge' angenähert werden könne (wie bei der essentialistischen Weltsicht). Zentral wird vielmehr die Frage, „welche Wirklichkeitsdeutungen soziale Verbindlichkeit erlangen" (Kneer 2009, S. 5). Die Ergebnisse sozialwissenschaftlicher Untersuchungen sind dabei – so Schütz (1971 [1962], S. 7) – „Konstruktionen zweiten Grades: Konstruktionen jener Konstruktionen, die im Sozialfeld von den Handelnden gebildet werden, deren Verhalten der Wissenschaftler beobachtet und in Übereinstimmung mit den Verfahrensregeln seiner Wissenschaft zu erklären versucht".

Übertragen wir diese Überlegungen auf das Thema Landschaft, können wir drei Ebenen identifizieren, von denen sich eine vierte ableiten lässt: Die Ebene der Gesellschaft (1), die individuelle Ebene (2) und die Ebene der physischen Objekte (3). Die vierte Ebene – sie lässt sich als eine analytische Abstraktion begreifen – bezieht sich auf jene physischen Objekte, die gemäß der individuellen Konstruktion auf Grundlage sozialer Deutungs- und Bewertungsmuster als Landschaft zusammengeschaut werden (4). In Rückgriff auf die Raumtheorie von Bourdieu (1991), die Überlegungen zur relationalen (An)Ordnung von sozialen Gütern und Lebewesen von Löw (2001) und in einer Erweiterung des Drei-Räume-Ansatzes (sozialer Raum, angeeigneter physischer Raum, physischer Raum) um die individuelle Welt gemäß der Drei-Welten-Hypothese von Popper (1973) sowie der Hybridisierung von Natürlichem und Kulturlichem (Latour 1996) nenne ich die vier Ebenen von Landschaft 1) gesellschaftliche Landschaft, 2) individuell aktualisierte gesellschaftliche Landschaft, 3) physischen Raum und 4) angeeignete physische Landschaft (erste Überlegungen bei Kühne (2006), weiter ausgeführt dann später bei Kühne (2008b, 2013); im Vergleich zu anderen aktuellen Landschaftskonzepten Hokema (2013), operationalisiert für die Planung bei Stemmer (2016), für den Tourismus bei Aschenbrand (2017), im Kontext von landschaftlichen Simulationen bei Fontaine (2017a, 2017b)). Im Folgenden werden nun die vier Ebenen des hier angerissenen Verständnisses von Landschaft ausführlicher dargestellt:

1. Die gesellschaftliche Landschaft umfasst die in Gesellschaften vorhandenen Deutungen und Bewertungsschemata von und über Landschaften. Diese unterliegen sowohl einer historischen Variabilität (siehe Abschn. 3.1), sind also – insbesondere im Kontext beschleunigter gesellschaftlicher Entwicklung (siehe Rosa 2005) mit ihren physischen Manifestationen (Kühne 2007) – intergenerationell einem deutlichen Wandel unterworfen (siehe Abschn. 3.2), sind hinsichtlich kultureller Kontexte deutlich differenziert (Abschn. 3.3) und lassen sich in sozial differenzierte Sonderwissensbestände differenzieren (näheres in Abschn. 3.4). Die gesellschaftliche Landschaft lässt sich als der gesellschaftlich verfüg- und abrufbare Bestand an Wissens- und ‚Gefühls- konventionen‘ beschreiben. In ihr ist das kommunizier- und nicht kommunizierbare zum Thema Landschaft geregelt, wie auch die Konventionen, wer wie über Landschaft kommunizieren darf und wer wie von gesellschaftlich definierten Deutungs- und Bewertungsschemata in welcher Form abweichen darf, ohne den Verlust sozialer Anerkennung (insbesondere den relevanten Bezugsgruppen im Sinne von Dahrendorf (1971 [1958])) zu verlieren. Hier wird die Schnittstelle zur individuell aktualisierten gesellschaftlichen Landschaft deutlich.

2. Die individuell aktualisierte gesellschaftliche Landschaft umfasst die individuellen Wissensbestände, Deutungs- und Bewertungsmuster wie auch die persönlichen emotionalen Bezüge zu Landschaft. Diese stehen in einem engen Rückkopplungsverhältnis zur gesellschaftlichen Landschaft: Aus dieser greift der Einzelne einerseits Wissen, Deutungs- und Bewertungsmuster heraus und aktualisiert individuell ‚Gefühlskonventionen‘. Andererseits ist er auch in der Lage, gesellschaftliche Muster zu verändern, indem er neue Deutungen, Bewertungen oder emotionale Bezugnahmen hinzufügt bzw. alte infrage stellt. Ob er dies mit Gewinn sozialer Anerkennung (eigens der Bezugsgruppe) tun kann, d. h. die gesellschaftliche Landschaft verändert werden kann, ist davon abhängig, ob die Gesellschaft ihm das Recht auf Konventionsabweichung zugesteht. Dies ist in der Regel lediglich bei Trägern von Sonderwissensbeständen der Fall, in diesem Fall von Experten der Landschaft (ob in Kunst bzw. Wissenschaft).

3. Der physische Raum stellt die materielle Basis für Landschaft dar. Materielle Objekte werden unter dem Modus der landschaftlichen Beobachtung (dieser ist nicht allein optisch, sondern enthält auch akustische, olfaktorische, haptische etc. Elemente) zu Landschaft synthetisiert. Dies bedeutet: Der physische Raum *ist nicht* Landschaft, er ist vielmehr Träger landschaftlicher Zuschreibungen, denn nicht jedes materielle Objekt ist Teil von Landschaft. Hier definiert sich die Schnittstelle zur angeeigneten physischen Landschaft.

4. Die angeeignete physische Landschaft umfasst jene materiellen Objekte, die zu Landschaft zusammengeschaut werden. So wird in der Regel nicht jeder Stein einzeln zum Teil der angeeigneten physischen Landschaft, wohl aber ein Hügel. Die angeeignete physische Landschaft ist hochgradig individuell, sozial und kulturell differenziert. Die individuell angeeignete physische Landschaft umfasst in der Regel eine Teilmenge der gesellschaftslandschaftlichen Muster, gleiches gilt für teilgesellschaftliche Landschaften. Diese können wiederum stark voneinander abweichen: Die Landschaft,

die ein Agrarwissenschaftler im physischen Raum gemäß teilgesellschaftlicher Muster zusammenschaut, differiert stark von jenen eines Naturschützers (Kühne 2008b, 2013). Die angeeigneten physischen Landschaften können in unterschiedlichen gesellschaftlichen Kontexten – abhängig von verschiedenen kulturellen Kontexten – stark differieren. Dies bedeutet auch: es lässt sich eine ‚globale gesellschaftliche Landschaft' entwerfen, die sämtliche landschaftlichen Deutungs-, Bewertungs-, Wissensschemata sowie emotionalen Zuwendungen enthält, als analytische Kategorie, die jedoch aufgrund ihrer Komplexität nur eine geringe wissenschaftliche und noch weniger praktische (z. B. planerische) Operationalisierbarkeit aufweist.

Für die konstruktivistische Landschaftsforschung ist nicht allein relevant, wie diese Ebenen konstituiert sind, was sie enthalten (als strukturelles Element), sondern vielmehr auch, wie sie aufeinander bezogen sind, welche wechselseitigen Einflüsse bestehen (als funktionales Element), Einflüsse, die häufig reich an Konflikten sind, dadurch aber – wird Ralf Dahrendorf (z. B. 1972) gefolgt – ein großes Innovationspotenzial haben. Das Verhältnis von gesellschaftlicher und individuell aktualisierter gesellschaftlicher Landschaft ist durch eine große Vielfalt geprägt: Im Prozess der (lebenslang dauernden) Sozialisation wird der Einzelne in die Regeln der Gesellschaft eingeführt, lernt also, was von wem in welchem sozialen Kontext über Landschaft geäußert werden darf und was nicht (Burckhardt 2006; Gebhard 2016b; Hook 2008; Kühne 2008a, 2008b). Konfliktär kann das Verhältnis des Einzelnen zur gesellschaftlichen (oder auch teilgesellschaftlichen Landschaft werden), wenn die (teil)gesellschaftlichen Landschaftsmuster nicht den individuellen Deutungen, Bewertungen oder emotionalen Bezugnahmen entsprechen, es z. B. nicht gesellschaftlich akzeptiert wird, zu sagen ‚xy' sei eine ‚schöne Landschaft' (dies gilt beispielsweise im Kontext der Landschaftsplanung für Einfamilienhauswohngebiete, die als ‚Zersiedelung der Landschaft' negativ konnotiert sind). Die Reaktionen auf eine solche Anomie können in Akzeptanz, Resignation, Anpassung der eigenen Landschaftsvorstellungen an die gesellschaftlichen Muster, Vorspiegelung einer solchen Anpassung, aber auch im Bestreben liegen, die gesellschaftliche/teilgesellschaftliche Landschaft zu verändern.

Die Kopplung von physischem Raum und gesellschaftlicher Landschaft erfolgt über den Weg der individuell aktualisierten gesellschaftlichen Landschaft und der angeeigneten physischen Landschaft: Der Einzelne beobachtet den physischen Raum und unterzieht Teile davon einer Synthese als Landschaft, der angeeigneten physischen Landschaft. Mit diesem Akt „werden äußere Objekte gleichsam zu inneren Objekten" (Gebhard 2016b, S. 171). Bei diesem Vorgang wird das Wahrgenommene mit individuellen Präferenzen und (teil)gesellschaftlichen Mustern abgeglichen. Ergebnis dieses Vorgangs kann in einer zu einer Übereinstimmung der synthetisierten Beobachtung mit der Erwartung führen, oder aber zu einer abweichenden Bewertung. Auch diese Anomie kann die Reaktion von Akzeptanz, Resignation, Anpassung oder den Wunsch nach Anpassung der Objekte des physischen Raumes an die individuellen (sozial beeinflussten) Vorstellungen herbeiführen. Wird in der Nähe meines Hauses eine Windkraftanlage gebaut, kann ich dies akzeptieren (‚ist halt nötig'), ich kann resignieren (‚die da oben machen mit meiner Heimat was sie wollen'), ich kann sie als Ausdruck der positiv bewerteten Energiewende sogar begrüßen und damit mein romantisch geprägtes Landschaftsverständnis erweitern oder ich kann eine Bürgerinitiative für/gegen die Windkraftanlage gründen, um so in die Gestaltung des physischen Raumes einzugreifen. Das Potenzial, den physischen Raum nach eigenen Vorstellungen zu verändern, ist dabei räumlich wie sozial hochgradig differenziert: Kann ich in meinen privaten Garten (eingeschränkt durch Baurecht, Naturschutzrecht, Nachbarschaftsrecht etc.) relativ unbeeinflusst materielle Veränderungen vornehmen (z. B. Büsche pflanzen, einen Teich anlegen), wird mir dies ohne negative Sanktionierung in einem öffentlichen Park schwerfallen. Eine weitere Differenzierung liegt in der unterschiedlichen Verteilung von Macht: Ein Sachbearbeiter im Melderegister hat einen geringeren Einfluss auf die Entwicklung des physischen Raumes als der Stadtbaudirektor, die Vorstandsvorsitzende einer Immobilienholding mehr als ihre Sekretärin. In diesem Kontext wird auch die Zeitlichkeit der unterschiedlichen Ebenen von Landschaft deutlich: Die historische Entwicklung gesellschaftlicher Landschaft stellt eine wesentliche Grundlage der (teil)gesellschaftlichen und individuellen Vorstellungen dar, wie die Objekte des physischen Raumes im Sinne einer angestrebten Entwicklung errichtet/entfernt/modifiziert/belassen werden sollen.

Nach dieser Befassung mit der Interferenz zwischen allen Ebenen von Landschaft, soll nun der Fokus auf die Entstehung und Entwicklung der individuell aktualisierten gesellschaftlichen Landschaft gelegt werden – diese ist die zentrale für die Entstehung Landschaft. Der Einzelne ist Träger und Veränderer gesellschaftlicher Landschaftsvorstellungen, er transformiert (teilgesellschaftliche) Vorstellungen zur Modifikation des physischen Raumes, um diesen so den gesellschaftlichen/individuellen Vorstellungen gemäß zu verändern oder zu belassen. Dieser Vorgang ist ein (zugegebenermaßen kleiner) Teil des spannungsgeladenen Verhältnisses von Gesellschaft und Einzelnem, schließlich ist „die Art und Weise der Teilnahme des Einzelnen am gesellschaftlichen Prozess eine seltsame Mischung aus Abhängigkeit und Spontaneität. Immer hat der Einzelne die Chance, sich selbst in die zähe Wirklichkeit der Gesellschaft hineinzutragen, diese zu prägen und zu verändern, sich in ihr zu verwirklichen und seine Individualität im Widerstreit mit der Tatsache der Gesellschaft zu bewähren. Zugleich aber ist die Gesellschaft immer auch ein Griff nach seiner Freiheit und Spontaneität" (Dahrendorf 1972, S. 284), schließlich hat der Einzelne die Werte, Normen und Rollenerwartungen der Gesellschaft zu erfüllen. Er kann sich diesen gesellschaftlichen Verpflichtungen – hier in dem Kontext Landschaft – in Form von eigenen Deutungen nur unter „schmerzlichen Opfern" (Dahrendorf 1972, S. 284) entziehen.

Die individuell aktualisierte gesellschaftliche Landschaft lässt sich in die ‚heimatliche Normallandschaft' und die ‚stereotype Landschaft' differenzieren (genauer siehe Kühne 2008a, 2008b, 2013). Die heimatliche Normallandschaft entsteht insbesondere im Kindesalter durch unmittelbare Befassung mit dem physischen Raum im Umfeld des Lebensmittelpunktes. Ihre Elemente erfahren eine (häufig) positive emotionale Besetzung, indem sie soziale Bezüge symbolisieren (näheres Gebhard 2016a, 2016b; Kühne und Spellerberg 2010). Entstehen heimatliche Normallandschaften – unter Vermittlung insbesondere von nahen Verwandten – durch unmittelbare Erfahrung (nicht allein durch Anschauung, sondern durchaus auch haptisch, olfaktorisch etc.), dominieren bei der Bildung der stereotypen Landschaft indirekte Informationen aus Kinder- und Jugendbüchern, Schulbüchern, Fernsehsendungen, Internet, Zeitschriften etc. In heimatlichen Normallandschaften erlangen „Übergangsobjekte" (Gebhard 2016a, S. 163) eine besondere Bedeutung, Objekte also, die sowohl die innere als auch die äußere Welt repräsentieren. Sie dienen dem Umgang mit der Situation, der Erkenntnis der Abhängigkeit und zugleich der Trennung von anderen – zunächst insbesondere der Mutter (Gebhard 2016a). Ist heimatliche Normallandschaft stärker individuell geprägt, dominieren in der stereotypen Landschaft stärker gesellschaftliche Deutungen, Wertungen und Wissensbestände. Heimatliche Normallandschaft rückt durch die Zuschreibung von individuellen Bedeutungen in die Richtung der Konstituierung eines erweiterten ‚besonderen Ortes' (Ipsen 2006), während der Betrachtungsmodus der stereotypen Landschaft eher evaluativ, kognitiv im Sinne von ‚Raum' bleibt (Ipsen 2006; Lengen 2016b). Die stereotype Landschaft umfasst insbesondere (in der Regel unreflektierte) ästhetische Urteile, allgemeine auf Landschaft gerichtete ‚Gefühlskonventionen' und gesellschaftlich akzeptierte funktionale Bezugnahmen (z. B. Landschaft als Kulisse für Freizeitaktivitäten). An die physischen Grundlagen der heimatlichen Normallandschaft wird die Erwartung der Stabilität gerichtet, an jene stereotyper Landschaften, dass sie den allgemeinen ästhetischen wie auch Nutzungserwartungen entsprechen. Dies bedeutet zugespitzt (und nicht konstruktivistisch formuliert): Heimatliche Normallandschaft muss nicht schön, aber vertraut sein. Stereotype Landschaft muss schön sein, und um diesen Zustand zu erreichen, kann sie starken Veränderungen unterzogen werden. Infolge zunehmender Mobilität und Multilokalität (vgl. Dittrich-Wesbuer et al. 2015) ist die Entstehung der heimatlichen Normallandschaft nicht zwingend an einen Ort/Raum der Kindheit gebunden, vielmehr können auch nach Entstehung einer ‚primären heimatlichen Normallandschaft' sekundäre, tertiäre, quartäre ‚heimatliche Landschaften' entstehen, die – als erweiterte Orte – durch Erlebbarkeit, emotionale Besetzung und persönliche symbolische Bezugnahmen geprägt sind (Lengen 2016b). Diese sind jedoch stärker durch stereotype Elemente geprägt, ihnen fehlt die unhinterfragte Normalität einer ‚primären' heimatlichen Normallandschaft (siehe auch Kühne und Spellerberg 2010). Voraussetzung für die Problematisierung von Veränderungen der physischen Grundlagen angeeigneter physischer Landschaft – sowohl im Modus der heimatlichen Normallandschaft als auch der stereotypen Landschaft – ist die sensorische Signifikanz: Je sensorisch dominanter (dies gilt insbesondere für den Aufriss, weniger für den Grundriss) und je rascher der Wandel, desto deutlicher auch die Reaktion, wobei diese mit anderen Faktoren – insbesondere ökonomischen, aber auch sozialen und politischen – rückgekoppelt sein kann (siehe z. B. Kühne 2012). So wird beispielsweise ein neuer Windpark bei der ortsansässigen Bevölkerung eher problematisiert als ein Neubaugebiet. Die Akzeptanz kann dabei höher sein, wenn eine positiv gewertete persönliche Involviertheit zu finden ist (z. B. eine finanzielle Beteiligung am Windpark oder ein Baugrundstück, das für die Enkel gedacht ist; vgl. Hook 2008).

Angesichts gesellschaftlicher Individualisierungs- und Entstandardisierungsprozesse sowie der zunehmenden Mobilität kann davon ausgegangen werden, dass hinsichtlich der individuell aktualisierten gesellschaftlichen Landschaft eine Verschiebung von gesellschaftlichen zu individuellen Komponenten zu finden ist. Zugleich entsteht eine stärker ‚patchworkhaft‘ ausgeprägte Bezugnahme zu physischen Räumen als Landschaft (Lengen 2016a): Diese ist, erstens, mit der Ausprägung einer ‚Patchworkidentität‘ (Keupp et al. 2002) verbunden, der Komposition aus Lebensstil-Fragmenten, Rollenmustern, Werten etc. (Lengen 2016a), zweitens, mit der zunehmenden ‚Verinselung‘ (Bertels 1997) von unmittelbar erfahrenen physischen Räumen, drittens, der zunehmend als diskontinuierlich erfahrenen Mustern von Räumen (z. B. Kühne 2012; Soja 1996).

Als ein besonderes Übergangsphänomen zwischen den unterschiedlichen Ebenen von Landschaft kann die Erzeugung von Atmosphären verstanden werden (insbesondere Kazig 2007, 2013, 2016; hierzu auch Weber 2017). Atmosphären lassen sich als Medium sinnlicher Beziehungen zwischen Menschen und seiner Umgebung verstehen (Thibaud 2003). Sie vollziehen sich weniger in einem Modus kognitiver Zuwendung zu einem (häufig als Landschaft beobachteten) physischen Raum, denn affektiv-emotionaler Betroffenheit (Hasse 1993, 2000; Kazig 2008; Seel 1996). Gebhard und Kistemann (2016, S. 12) nennen dieses „Zusammenfließen von Subjekt- und Objektanteile[n]" ein „Amalgam aus Erfahrung der äußeren Welt (‚äußere Landschaften‘) und Erfahrung des eigenen selbst (‚innere Landschaften‘)", wodurch eine „Resonanz" zwischen beiden entstünde. Infolge der dominierenden Emotionalität sind sie stärker durch individuelle Bezugnahmen geprägt als durch gesellschaftliche Muster. Zwischen Mensch und denselben physischen Objekten seiner Umgebung können sich sehr unterschiedliche Atmosphären konstituieren, abhängig von der Tageszeit, der Witterung, der Jahreszeit etc. einerseits, und der individuellen Stimmung andererseits (Abb. 2.1).

Abb. 2.1 Beispiele der Konstituierung unterschiedlicher landschaftlicher Atmosphären zwischen Person und einem physischem Raum. (Quelle: Eigene Aufnahmen)

Die Variabilität des gesellschaftlichen Landschaftsverständnisses

Landschaft kann – gemäß Lengen und Gebhard (2016) im Anschluss an Antonovsky (1979) – die gesellschaftliche Funktion erfüllen, durch Sinnhaftigkeit/Bedeutsamkeit, Machbarkeit/Handhabbarkeit und Versehbarkeit das Wohlbefinden des Menschen zu steigern. Einerseits gilt dies für die der Zuschreibung als Landschaft zugrunde liegenden physischen Objekte, andererseits aber auch für die kognitive, emotionale und ästhetische Zuwendung. Hätte es das gesellschaftliche Bedürfnis nicht gegeben, das ‚Kohärenzgefühl‘ durch Sinnhaftigkeit/Bedeutsamkeit, Machbarkeit/Handhabbarkeit und Versehbarkeit zu steigern, wäre es wohl kaum zur Bildung des Begriffs der Landschaft gekommen. Im Folgenden sollen nun die Entwicklungen und Differenzierungen dieses Begriffs der Landschaft untersucht werden.

3.1 Historische Entwicklung von Landschaftsverständnissen im deutschen Sprachraum

Der Begriff der Landschaft hat im deutschen Sprachraum im Laufe einer mehr als ein Jahrtausend dauernden Geschichte einen großen „semantischen Hof" (Hard 1969, S. 10) aus „Assoziationen, Emotionen, Evokationen" (Hard 2002, S. 178) entwickelt. Der entsprechende Prozess wird im Folgenden kurz umrissen (detailliertere Ausführungen finden sich bei Eisel 1982; Kirchhoff und Trepl 2009; Kühne 2013, 2015b; Müller 1977; Piepmeier 1980; Schenk 2013, grafisch gefasst siehe Abb. 3.1).

Als Ausdruck der räumlichen Zusammenschau von sozialen Normen und Gebräuchen taucht das Wort Landschaft (als *lantscaf*) im frühen Mittelalter auf. Im 12. Jahrhunderts erhielt das Wort eine politische Bedeutung: Einerseits wurde Landschaft als ein politisch-rechtlich definierter Raum begriffen, der wiederum als konstitutiv Teil einer größeren politischen Einheit aufgefasst wurde (Müller 1977). Andererseits wurden unter

© Springer Fachmedien Wiesbaden GmbH 2018
O. Kühne, *Landschaft und Wandel,* RaumFragen: Stadt – Region – Landschaft,
DOI 10.1007/978-3-658-18534-3_3

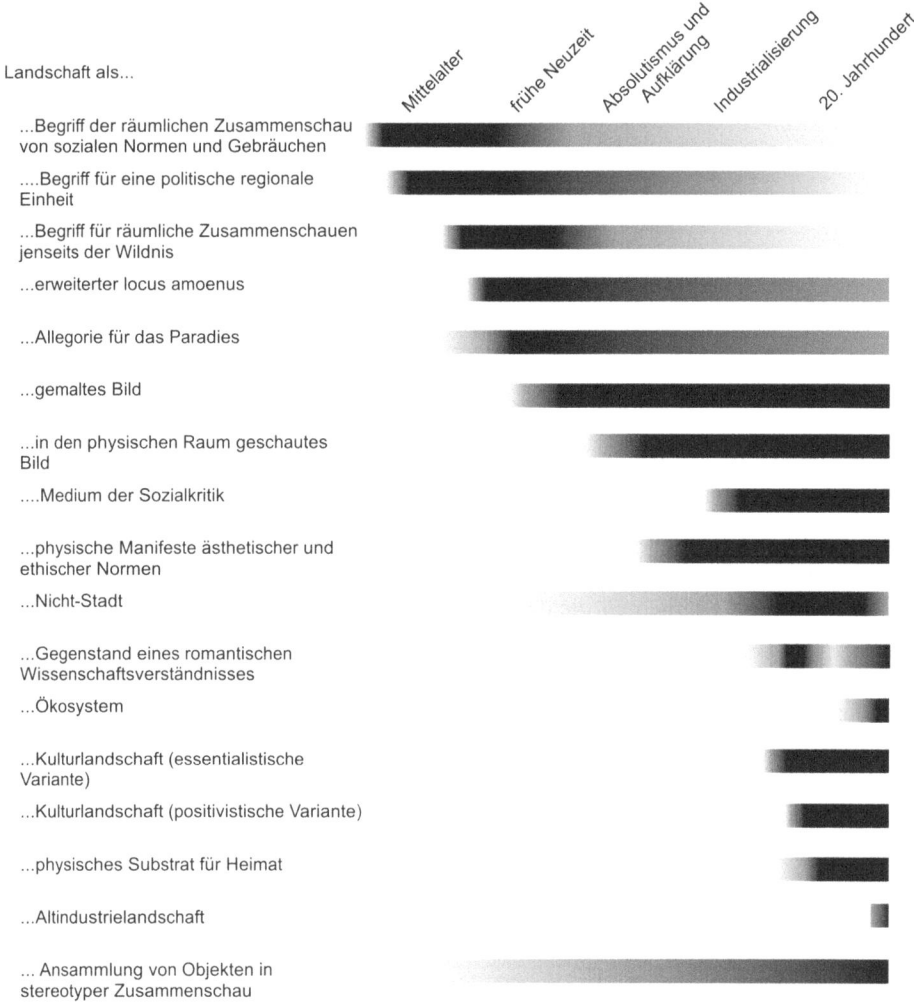

Abb. 3.1 Die historische Entwicklung des Landschaftsbegriffs im deutschen Sprachraum. (Quelle: verändert aus Kühne 2013)

dem Wort die politisch Handlungsfähigen (nicht die Bauern) einer Region als „Repräsentanten der ‚ganzen Landschaft'" (Hard 1977, S. 14) zusammengefasst. Im Hochmittelalter bezog sich der Begriff der Landschaft auch auf die von einer Stadt bewirtschaftete und beherrschte Zone (Müller 1977). Im späten Mittelalter wurde unter ‚Landschaft' zudem die räumliche Zusammenschau von Objekten jenseits der Wildnis verstanden. Dieser Aspekt wurde in der Renaissance mit der antiken Idee des *locus amoenus* verbunden, wodurch bis heute persistierende Vorstellungen pittoresker Landschaften entstanden. Eine religiöse Konnotation erhielt Landschaft in der Malerei des Mittelalters.

Szenen mit Heiligen wurden „dann nicht selten in das Bild einer paradiesischen Landschaft gefasst" (Büttner 2006, S. 36). Dabei war die mittelalterliche Malerei „nicht aus dem Bestreben erwachsen, eine bunte Seinswelt in ihrer Mannigfaltigkeit und in ihrem Beziehungsreichtum zu objektivieren, sondern die Heilsgeschichte der Menschheit und die Symbole ihrer Erlösung darzustellen" (Böheim 1930, S. 82). Der ästhetische Zugriff auf das Thema Landschaft festigte sich bis heute wirkmächtig in der Landschaftsmalerei der Renaissance: Landschaft wurde zum gemalten Bild. So wurde eine wesentliche Ausprägung sozialer Vorstellungen des Typus einer idealisierten Landschaft erzeugt, „der in der europäischen Malerei des siebzehnten Jahrhunderts geschaffen wurde und seine […] verbindliche Ausformung durch Claude Lorrain erfuhr" (Riedel 1989, S. 45). Infolge der in der Landschaftsmalerei entwickelten sozialen Sehkonventionen konnte Landschaft auch in den physischen Raum geschaut werden. Wie sehr physische Objekte, verstanden als „physische Manifestationen von Ideen" (Davies 1988, S. 33), durch die künstlerische Norm gestaltet wurden, wird anhand des Englischen Gartens deutlich: In ihm wurden die Motive der Landschaftsmalerei aufgegriffen und in den physischen Raum übertragen. Die Malerei der Renaissance wurde damit „Schrittmacher unseres Sehens und unseres landschaftlichen Erlebens" (Lehmann 1968, S. 7).

In der Romantik erfuhr Landschaft „ihre höchste Aufwertung, indem mythologische und historische Inhalte in einem erweiterten Begriff von ‚Landschaft'" aufgingen (Hohl 1977, S. 45), sie erhielt aber auch eine sozialkritischen Komponente: Aus der Kritik am Aufklärung, Rationalisierung und Industrialisierung wurden normativ als ländlich verstandene Landschaften als Ort der Gemeinschaft und des Einklanges von Kultur und Natur idealisiert, ein Verständnis das bis heute essentialistischen Landschaftskonzepten innewohnt. Aus der spezifischen regionalen Kombination von Natur und Kultur wurde (und wird) eine Bedingung für Heimat gesehen (vgl. Kühne 2012). Dabei wurde Landschaft streng von der Stadt geschieden und als Gegensphäre konzipiert: „Was den Städter vor die Tür und in die Natur treibt, ist nämlich genau dies: den gesellschaftlichen Zwängen, der sozialen und räumlichen Enge der Stadt zu entfliehen" (Kaufmann 2005, S. 59). ‚Landschaft' wird zum „Ausdruck des guten und wahren Lebens im Einklang mit der Natur und den ‚natürlichen' gesellschaftlichen Ordnungen [und] unter dieser antidemokratischen Perspektive im Zuge der Gegenaufklärung und Romantik in ein konservatives politisches Programm" (Körner und Eisel 2006, S. 46) verwandelt. Dieser Ansatz steht damit in konträrem Gegensatz zu der sukzessiven, voranschreitenden naturwissenschaftlichen Befassung mit Landschaft als ‚objektivem Gegenstand', der sich mit empirischen Methoden erschließen ließe. In der ersten Hälfte des 20. Jahrhunderts wurde danach die Vorstellung von Landschaft als Ökosystem entwickelt, einer Vorstellung, aufgrund derer nicht allein einzelne Komponenten eines Raumes untersucht werden, sondern auch deren Zusammenwirken.

Die in der zweiten Hälfte des 19. Jahrhunderts entstandene Heimatschutzbewegung mit ihrer Präferenz für das Ländliche und das ‚Gewachsene' teilte mit der Ideologie des Nationalsozialismus' „einen Affekt gegen Großstädte und einen ‚kalten' Materialismus, machte einen ungezügelten liberalen Kapitalismus verantwortlich für die Bedrohung der Schönheit der Landschaft und war sich sogar in einer ganzen Reihe von spontanen Abneigungen einig – gegen Beton, da dies ein ‚undeutscher' Baustoff sei, Werbeplakate, die das Bild ländlicher Gebiete ‚verschandelten', die Anpflanzung ‚nicht-bodenständiger' Bäume und Sträucher" (Blackbourn 2007, S. 341). Eine Ablehnung des nicht Autochthonen, das heute im Zuge der ‚Bekämpfung von Neophyten' seitens von im Naturschutz Tätigen aktualisiert wird (vgl. auch Franke 2017).

Im Kontext postmoderner Konzepte erfährt seit den 1980er Jahren das romantische Wissenschaftsverständnis mit der Integration kognitiver, ästhetischer und emotionaler Weltdeutung eine Aktualisierung (vgl. z. B. Kühne 2006). Mit der Entwicklung der Postmoderne, insbesondere ihres Charakteristikums, das Historische nicht als überkommen abzulehnen, sondern wertzuschätzen, wird Objekten, die die industrielle Ära der westlichen Welt prägen, eine zunehmend positive Besetzung zuteil. Altindustrielle Stadtlandschaften „assoziieren barocke Ruinenästhetik mit zerfallenden Hochöfen und Erinnerungen an den pittoresken Garten des achtzehnten Jahrhunderts" (Hauser 2004, S. 154).

Eine Möglichkeit, wesentliche Inhalte aktueller gesellschaftlicher Landschaft zu erfassen, ist die Untersuchung von jenen Bildern, die durch die Internet-Suchmaschine *Google* auf das Stichwort ‚Landschaft' gefunden werden (Abb. 3.2): ‚Landflächen' und ‚Himmel' bilden in Kombination eine Art ‚Mindestausstattung' für Landschaft (Kühne 2015c, 2016b), die dann mit unterschiedlichen Elementen angereichert wird. Nur selten oder überhaupt nicht finden sich Repräsentanten nicht-primärwirtschaftlicher (Landwirtschaft, Forstwirtschaft, Fischerei) Tätigkeit, wie Hochspannungsleitungen, Windkraftanlagen oder gar Industriebetriebe. Das durch die Suchmaschine vermittelte Bild entspricht weitgehend dem Stereotyp einer vormodernen, ländlichen Landschaft.

Mit der nicht abgeschlossenen Entwicklung des Landschaftsbegriffs wurden und werden immer neue Facetten einer Zusammenschau von Objekten im sozialen Gedächtnis sedimentiert. Sie bilden heute das Grundsubstrat an stereotypen Deutungen und Erwartungen an Landschaft, wobei das Stereotyp der vormodernen, ländlichen angeeigneten physischen Landschaft eine besondere Wirkmächtigkeit aufweist (siehe Abb. 3.2). Die verschiedenen Komponenten von unterschiedlichen Personen werden in verschiedener Weise gewichtet und unterschiedlich verknüpft – wodurch in Verbindung mit den Komponenten der individuellen Landschaftsgeschichte sehr divergierende individuell aktualisierte gesellschaftliche Landschaften entstehen. Dominieren bei Person A kognitive Zugänge zu Landschaft, ist das Landschaftsverständnis von Person B stärker durch romantische Bezugnahmen geprägt. Präferiert Person C menschenleere Ebenen, interessiert sich Person D für altindustrielle Ruinen.

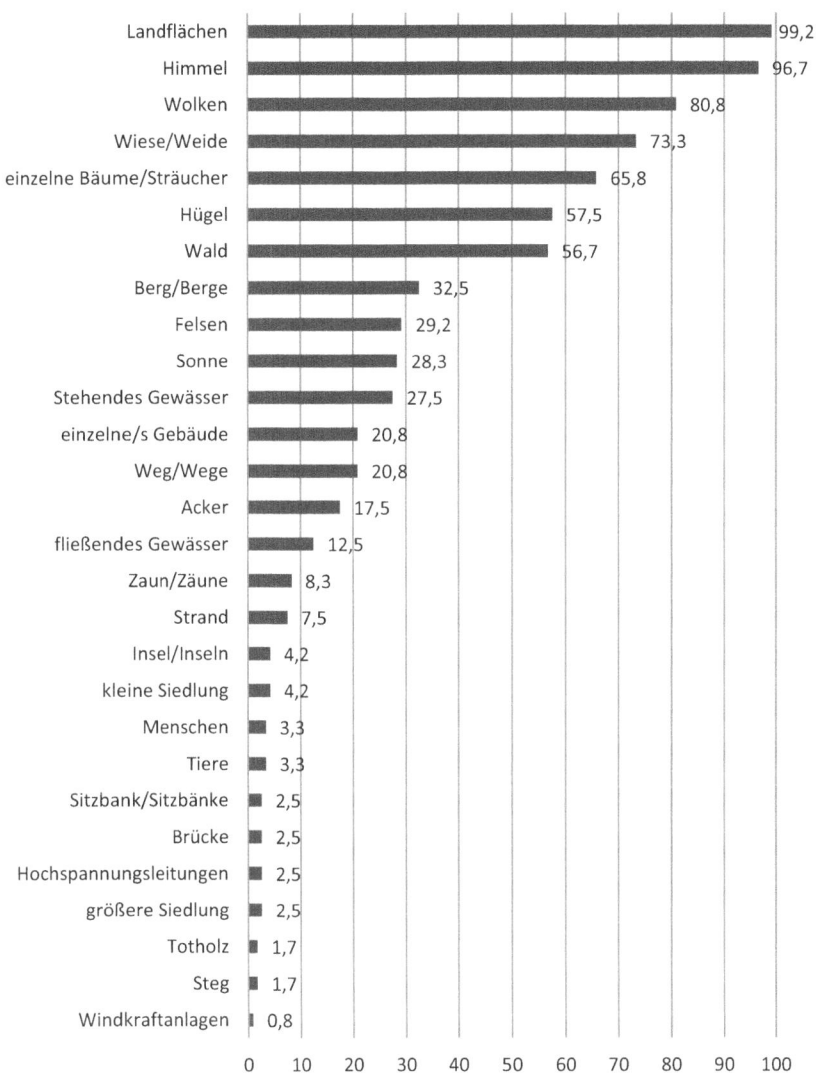

Abb. 3.2 In Internetbildern dargestellte landschaftliche Elemente; n = 120, Tag des Zugriffs: 07.07.2014. (Quelle: nach Kühne 2015c, 2016b)

3.2   Alterskohortenspezifische Unterschiede des Landschaftsverständnisses

Wie im vorangegangenen Abschnitt dargestellt wurde, verfügt die gegenwärtige gesellschaftliche Landschaft über eine Entwicklungsgeschichte von mehr als einem Jahrtausend. Dies bedeutet, dass das soziale Verständnis von Landschaft im zeitlichen Kontext keinesfalls stabil ist, sondern deutlichen Wandlungen unterworfen ist. Nachfolgend wird auf die Variabilität des Landschaftsverständnisses im Vergleich unterschiedlicher Alterskohorten eingegangen. Die dargestellten Ergebnisse sind Teil einer sozialwissenschaftlichen Studie zum Thema der Wahrnehmung von Alt- und Totholz wie auch zur symbolischen Konnotation von Wald[1]. Die Datenerhebung erfolgte mittels einer Online-Befragung im Frühherbst 2013 (näheres siehe Kühne 2014a, b).

Wald erfährt insbesondere in Deutschland eine hohe symbolische Aufladung (bis hin zum deutschen Gründungsmythos der ‚Schlacht am Teutoburger Wald‘), er ist aber auch ein beliebter Raum für rekreative Aktivitäten (Kühne 2014a, b, 2017; Lehmann 2001; Urmersbach 2009). Entsprechend sind zwei der drei am häufigsten genannten Wahrnehmungszusammenhänge von Wald aktivitätsbezogen (auf Wanderungen und vom Fahrrad aus; siehe Abb. 3.3). Hier finden sich allerdings keine signifikanten Unterschiede hinsichtlich der Altersdifferenzierung[2]. In Bezug auf die Wahrnehmung in Dokumentarfilmen zeigt sich im Vergleich zu den älteren Kohorten eine signifikant höhere Neigung der 16- bis 25-Jährigen, Wald durch dieses Medium wahrzunehmen. Eine stärkere Differenzierung der Wahrnehmung von Wald findet sich insbesondere in den weniger häufig genannten Aktivitäten. Dies teilweise auf hohem Signifikanzniveau: Mit zunehmenden Alter der Befragten stieg die Neigung, Wald auf Reisen (signifikant) bzw. in Bildbänden (hochsignifikant) wahrzunehmen. Dagegen nehmen Jüngere Wald eher vom Auto (signifikant), vom Zug (hochsignifikant) aus, in Gemälden (hochsignifikant), in der Fantasie (hochsignifikant), in Romanen (hochsignifikant), im Internet (hochsignifikant) und in der Film- und Fernsehwerbung (signifikant) wahr. Noch deutlicher wird die zunehmende Bedeutung des Internets hinsichtlich der Aneignung von Wissen über Wald in Abhängigkeit vom Alter (Antworthäufigkeiten auf die geschlossene Frage „Wie eignen Sie sich Wissen über Landschaft an?“, mehrere Antworten möglich, n = 1,546): Lediglich 25,9 % der über 65-Jährigen Befragten nutzt das Internet zur Generierung von Wissen über Wald, bei den 16- bis 25-Jährigen 58,5 %, bei den 26- bis 45-Jährigen sind dies 54,8 % und bei den 46- bis 65-Jährigen 43,8 %, ein hochsignifikanter umgekehrter Zusammenhang zwischen Alter und Internetnutzung bei der Gewinnung von Wissen. Gleichfalls hochsignifikant ist der Zusammenhang zwischen zunehmendem Alter und

---

[1]Die Untersuchung erfolgte im Rahmen des Projektes ‚Wertvoller Wald‘ des Naturschutzbundes (NABU) Saarland, das mit Mitteln des Bundesprogramms Biologische Vielfalt des Bundesamtes für Naturschutz (BfN) gefördert wird.

[2]Die Signifikanzen wurden mit dem Chi-Quadrat-Test ermittelt, der prüft, ob und mit welcher Signifikanz ein Zusammenhang zwischen zwei Datensätzen besteht. Je kleiner der Wert ist, desto größer ist die Wahrscheinlichkeit, dass ein Zusammenhang besteht. Bei einem Wert von 0,05 kann mit einer Wahrscheinlichkeit von mehr als 95 % davon ausgegangen werden, dass tatsächlich ein Zusammenhang zwischen den beiden Annahmen besteht. Entsprechend liegt eine Irrtumswahrscheinlichkeit von weniger als 5 % vor. Hier wird von einem signifikanten Unterschied gesprochen. Bei einem Wert 0,01 ist die Wahrscheinlichkeit eines Zusammenhangs größer als 99 %, das Ergebnis hochsignifikant.

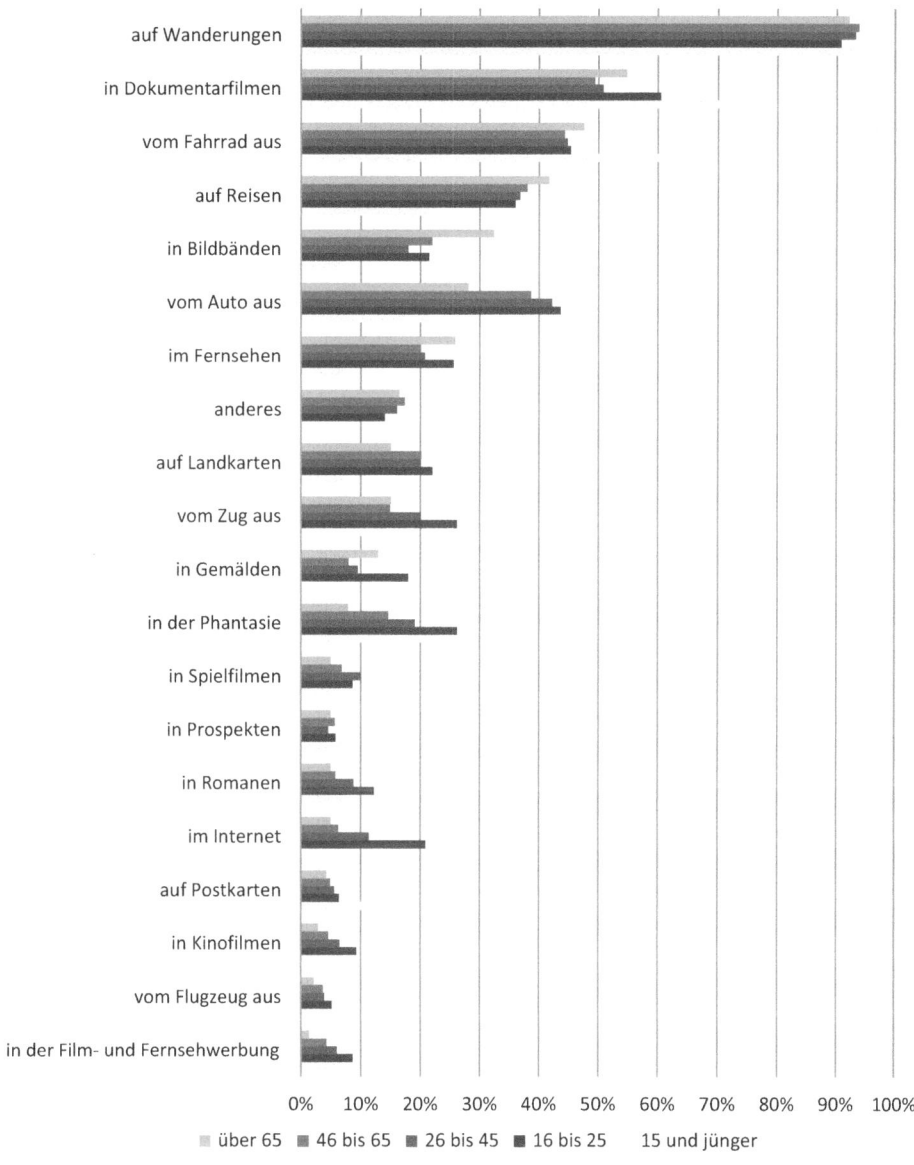

Abb. 3.3 Anteile der Antworthäufigkeiten auf die geschlossene Frage „Wie nehmen Sie Wald in der Regel wahr?", mehrere Antworten waren möglich, Auswertung nach Alterskohorten, n = 1,546, die Alterskohorte ‚15 und jünger' ist hellgrau dargestellt, da hier aufgrund der geringen Fallzahlen keine signifikanten Aussagen getroffen werden können. (Quelle Kühne 2014a; Kühne et al. 2014)

abnehmender Nutzung von Informationsflyern, wie auch zwischen zunehmendem Alter und der Inanspruchnahme von Kursen zur Wissensaneignung über Wald. Den Zusammenhang zwischen zunehmendem Alter und der zunehmenden Neigung, sich Wissen über Wald durch direkte Beobachtung und durch Führungen anzueignen, ist ebenfalls hochsignifikant (bei 16- bis 25-Jährigen 88,4 %, bei den über 65-Jährigen 97,8 %, die beiden dazwischenliegenden Alterskohorten: 90,4 %, bei den 26- bis 45-Jährigen, und 94,2 %, bei den 46- bis 65-Jährigen). Dies bedeutet eine Verschiebung der Bedeutung von Information aus unmittelbarer Auseinandersetzung mit der physischen Welt zugunsten von Sekundärinformationen aus dem Internet. Die mediale Konstruktion von Wald gewinnt also an Bedeutung, insbesondere bei jüngeren Menschen – ein Befund, der sich mit einer allgemein zunehmenden Bedeutung des indirekten Zugangs zur Welt mithilfe virtueller Medien deckt, schließlich wird „zum historisch ersten Mal eine massenhafte Nutzung gemeinschaftlich geteilter, interaktiver Medien nicht nur möglich, sondern wirklich" (vgl. auch Kühne 2012; Kühne und Schönwald 2015; Münker 2009, S. 10–11). Entsprechend beschränkt sich dieser Befund nicht auf das Thema Wald, sondern findet sich allgemeiner im Kontext Landschaft (siehe Abschn. 4.3).

Ein anderes Beispiel für die differenzierte Zuschreibung von Wertungen und Deutungen findet sich hinsichtlich der Beurteilung eines als Foto dargestellten Englischen Gartens (Abb. 3.4): In allen Alterskohorten dominiert die Einschätzung ‚ordentlich', dennoch nimmt die Einschätzung ‚ordentlich' mit ab dem Altersklasse 26 bis 45 hochsignifikant ab. Gleichfalls nimmt mit zunehmendem Alter (ebenfalls hochsignifikant) die Zuschreibung von Modernität wie auch von Hässlichkeit ab. Dagegen nehmen mit zunehmendem Alter folgende Zuschreibungen (jeweils hochsignifikant) zu: Schönheit, Romantik, Traditionalität und Natürlichkeit. Bemerkenswert ist hier die kohortenspezifische Unterschiedlichkeit ästhetischer Zuschreibung: Ältere beschreiben den Park häufiger als ‚schön', Jüngere hingegen als ‚hässlich'.

Gleichfalls deutliche Unterschiede finden sich auch bei der ästhetischen Deutung der Fotos von Fichtenreinbestand und naturnahem Laubmischwald im Vergleich der Alterskohorten: Die Zuschreibung von ‚schön' nimmt für den naturnahen Laubmischwald mit zunehmendem Alter hochsignifikant ab (von 69,2 % bei den 16- bis 25-Jährigen bis auf 59,0 % bei den über 65-Jährigen). Die Beschreibung des Fotos eines Fichtenwaldes als ‚hässlich' nimmt von 11,0 % auf 18,7 % in den angesprochenen Alterskohorten hochsignifikant zu. Signifikante Unterschiede hinsichtlich der Bewertung der vorgelegten Bilder finden sich auch in anderen Zusammenhängen: Der abgebildete Fichtenwald wird von den Befragten der Alterskohorte der 16- bis 25-Jährigen in vergleichsweise geringem Umfang (22,1 %) als ‚traditionell' beurteilt, dieser Anteil steigt mit zunehmendem Alter an und wird von der ältesten Kohorte mit 46,8 % ebenso beschrieben (hochsignifikant). Dagegen nimmt mit zunehmendem Alter der Befragten die Zuschreibung von ‚Modernität' in hochsignifikanter Weise ab (von 17,4 % auf 4,3 %), ähnliches gilt für die Attribute ‚wild' (von 14,0 % auf 3,6 %) und ‚interessant' (von 13,4 % auf 8,6 %). Darüber hinaus geht mit zunehmendem Alter die Neigung hochsignifikant zurück, naturnahen Laubmischwald als ‚modern' zu bezeichnen (von 14,0 % auf 6,5 %).

Vor dem Hintergrund der in Kap. 2 dargelegten theoretischen Überlegungen lassen sich die hier referierten Ergebnisse folgendermaßen deuten: Die Objekte des physischen

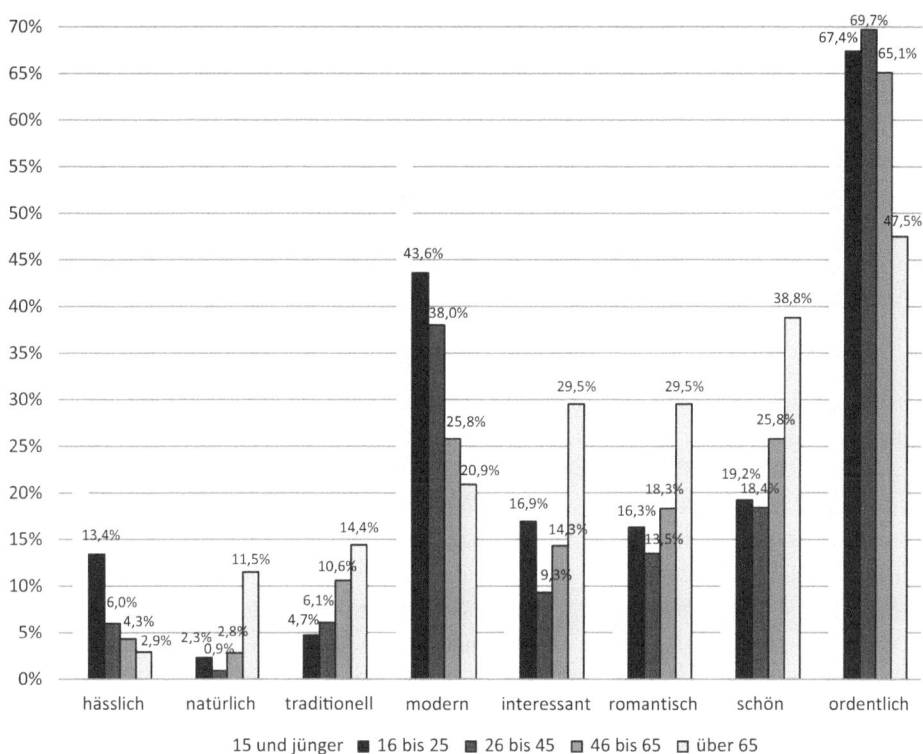

Abb. 3.4 Anteile der Antworthäufigkeiten auf die geschlossene Frage in Bezug auf eine Abbildung, die einen Park im Stile eines Englischen Gartens darstellt, „Wie würden Sie den oben dargestellten Wald charakterisieren?", bis zur drei Antworten waren möglich, Auswertung nach Alterskohorten, die Alterskohorte ‚15 und jünger' ist hellgrau dargestellt, da hier aufgrund der geringen Fallzahlen keine signifikanten Aussagen getroffen werden können. (Nach Kühne 2014a; Kühne et al. 2014)

Raumes werden auf Grundlage der Deutungsmuster der ‚heimatlichen Normallandschaft' und der ‚stereotypen Landschaft' als Landschaft oder Wald synthetisiert und bewertet. Die Wälder, in denen ältere Personen ihre primären Waldvorstellungen bildeten, waren stärker durch einen höheren Grad an Aufgeräumtheit (ohne Alt- und Totholz, das insbesondere zu Heizzwecken genutzt wurde) geprägt. Zudem wurde die normative stereotype Vorstellung eines ‚aufgeräumten' Zustandes des Waldes (im Besonderen) und von Landschaft (im Allgemeinen) verbreitet. Dies hat sich in den vergangenen zwei bis drei Jahrzehnten deutlich gewandelt: Die Wälder im Deutschland der Gegenwart sind infolge der stärkeren Durchsetzung des Leitbildes der naturnahen Waldwirtschaft deutlich weniger stark durch den Drang nach ‚Ordnung' geprägt, was sich sukzessive auch durch die Präsenz von Alt- und Totholz und Naturverjüngung dokumentiert. Diese Entwicklung lässt sich auch in den Kontext des von Inglehart (1977, 1998) empirisch

beobachteten epochalen Wandels der Präferenzverschiebung von Ordnungs- und Pflicht-
werten hin zu Selbstverwirklichungswerten deuten. Während ältere Befragte also eher
einen ‚ordentlichen‘ Zustand präferieren – hier decken sich heimatliche Normallandschaft und stereotype Landschaft jener Generation –, bevorzugen jüngere Befragte
unordentlich erscheinende Wäldern mit hohem Erlebniswert (vgl. auch Braun 2000) –
ebenfalls in Deckung mit der heimatlichen Normallandschaft und den aktuellen stereotypen Vorstellungen von Landschaft. Diese haben sich im Laufe einer Generation massiv
gewandelt. Insbesondere bei der stereotypen Landschaft wurde der Paradigmenwechsel
durch Bildungsinstitutionen massiv durchgesetzt, indem z. B. ökologische Inhalte in gro-
ßem Umfang in den Lehrplänen verankert wurden (Kühne 2008b). Die Präferierung von
‚wildem Wald‘ durch Jüngere lässt sich – im Kontext der Postmodernisierungsdebatte –
auch als Wiederaufnahme von romantischen Vorstellungen von Wald und Landschaft
deuten, als Element der ‚Wiederverzauberung der Welt‘ (Kühne 2006; Pohl 1993). Der
nun wieder ‚wilde Wald‘ ermöglicht so „ein Stück Gegenerfahrung zur Sphäre der kulturellen Sinne" (Seel 1996, S. 115). So wird Wildnis wird nicht mehr mit Gefahr, sondern
mit dem Angenehmen konnotiert: So stellt Zygmunt Bauman (2008, S. 108) fest, „dass
beinahe sämtliche Gefahrenquellen in die Städte übergesiedelt sind und sich dort nieder-
gelassen haben" – besonders die „schwer fassbaren und mysteriösen *Fremden*" (Bauman
2008, S. 10). Auch lässt sich die zunehmende Präferenz von Wildnis als ein Ausdruck
der Sehnsucht nach ‚Authentizität‘ in einer durch Simulation geprägten Welt (Baudrillard 1994) deuten. Zugleich gilt diese Wildnis eher als potenzieller Aktionsraum, wobei
die Sehnsucht nach ‚Authentizität‘ angesichts der Dominanz der medialen Konstruktion
von Wald eine innere Widersprüchlichkeit aufweist (Kühne 2014a).

3.3   Landschaftsverständnisse jenseits des deutschen Sprachraumes

Wurden in den vorangegangenen Abschnitten die historische Genese und die Verän-
derbarkeit der gesellschaftlichen Landschaft am Beispiel des deutschen Sprachraums
thematisiert, wird in diesem Abschnitt *kulturelle Differenziertheit* gesellschaftlicher
Konstruktion von Landschaft diskutiert (differenzierte Darstellungen dazu finden sich
z. B. bei Bruns 2013; Bruns und Kühne 2013; Bruns und Münderlein 2017; Drexler
2010; Kühne 2013). In sozialkonstruktivistischer Forschungstradition lässt sich mit Hall
(2002) Kultur nicht als eine ‚essentielle Eigenschaft‘ eines ‚Volkes‘ verstehen, sondern
vielmehr als Summe der verschiedenen Klassifikationssysteme und der diskursiven Formationen. Klassifikationssysteme und diskursive Formationen sind in sozialen Praxen
rückgekoppelt, was zu einem Aktualisierungsprozess führt (Hall 2002): Werden also
bestimmte Objekte eines physischen Raumes durch die Person durch Zusammenschau
als Landschaft bezeichnet, geschieht dies im Kontext eines gesellschaftlich definierten
Klassifikationssystems, das es der Person erlaubt, diese Objekte zu Landschaft zu syn-
thetisieren. Dieses gesellschaftliche Klassifikationssystem ist durch Sprache bestimmt: in

Sprache ist geregelt, was gesagt werden kann und, letztlich auch, was gesagt werden darf (Glasze und Weber 2010; Weber 2013, 2015, 2016). Das Verständnis von ‚Landschaft‘ im deutschen Sprachraum, stimmt entsprechend nicht mit dem Verständnis von räumlichen Zusammenschauen in anderen Sprachen überein, es lassen sich lediglich mehr oder minder große Schnittmengen feststellen, oder aber auch die Entstehung unterschiedlicher Begriffe zur Beschreibung der Zusammenschau räumlicher Objekte. Diese Unterschiede drücken „verschiedene Auffassungen von der Welt um und in uns [aus]“ (Drexler 2009, S. 120). In Folgenden werden Aspekte und Historie von Begriffen in anderen Sprachkontexten knapp dargestellt.

Auf Grundlage sprachanalytischer Untersuchungen der Worte ‚Landscape‘ (Englisch), ‚Paysage‘ (Französisch), ‚Landschaft‘ (Deutsch) und ‚Táj‘ (Ungarisch) konnte Drexler (2009, 2010, 2013) erhebliche Unterschiede zwischen den verschiedenen Verständnissen von Zusammenschauen physischer Objekte feststellen. So vereinigten ‚Landschaft‘ und ‚Táj‘ sowohl sachbezogene wie auch ästhetische Bezüge, während die Bedeutungen im Englischen von ‚Land‘ und ‚Country‘ von jener der ‚Landscape‘ ebenso geschieden seien, wie im Französischen ‚Pays‘ und ‚Campagne‘ von ‚Paysage‘, diese Ausdrücke wiederum hätten zusätzliche Bedeutungsinhalte aufzuweisen (wie ‚Country‘ auch Staat bedeutet). Sowohl im Französischen als auch im Englischen dominieren die ästhetischen Bezugnahmen. Die sachbezogenen Verständnisse von ‚Landschaft‘ (siehe Abschn. 3.1) und ‚Táj‘ weisen dabei eine bis ins Mittelalter zurückreichende Begriffsgeschichte auf. Dagegen entstanden ‚Landscape‘ und ‚Paysage‘ erst zum Ende des 16. Jahrhunderts und unterlagen einer Aufladung als ‚ästhetisch gestalteter Raum‘, sie wurden auch nicht wie ‚Landschaft‘ und ‚Táj‘ im 19. Jahrhundert um emotionale Aufladungen mit der räumlichen Komponente von Heimat ergänzt (Drexler 2009, 2010, 2013). Die Gestaltungskomponente konnte sich im deutschen Sprachraum weniger durchsetzen, hier dominierte „die alte Auffassung der ‚gewachsenen‘ Landschaft“ (Drexler 2009, S. 127), die – wie gezeigt – einer antimodernistischen Politisierung unterzogen wurde. Eine Politisierung erfuhr auch ‚Táj‘: Etwa in der Mitte des 18. Jahrhunderts wurde der Begriff – gegen die habsburgische absolutistische, an ‚Paysage‘ orientierte, Auffassung – mit einer normativen Symbolik des ursprünglichen Lebens in ständischer Gesellschaft aufgeladen. Zum Ende des 18. Jahrhunderts wurde die Konnotation um „aufgeklärt-adelige[-], bürgerlich-liberale[-] und bürgerlich-demokratische[-] Gesellschaftsvorstellungen“ (Drexler 2009, S. 128–129) erweitert.

Dass dasselbe Wort – hier ‚Landscape‘ – nicht zwingend in allen Gesellschaften eine völlig übereinstimmende Bedeutung aufweisen muss, zeigt dessen Verständnis in England und den Vereinigten Staaten. So erfolgte die Bedeutungszuweisung durch die Einwanderer nach Nordamerika und ihre Nachkommen stark an Wildnis kontrastierend: Landschaft wurde als kultivierter Raum in Abgrenzung zu Angst einflößender Wildnis konstruiert – und weniger in Differenz zum Städtischen (vgl. Tuan 1979). Stärker als in England vollzog sich hier – im Gefolge der Hudson River School, die in ihren Bildern „detailreiche Landschaften mit moralischen Themen verband“ (Campbell 2000, S. 65) und Amerika als Garten Eden präsentierte – eine moralisch-religiöse Aufladung von

Landschaft. Im Zuge dieser romantischen Deutung von Landschaft wandelte sich auch das Wildnisverständnis: Wildnis wurde zum positiv besetzten Symbol der „idealisierten amerikanischen Werte von Unabhängigkeit, Selbstverantwortung und Aufrichtigkeit" (Pregill und Volkman 1999, S. 436) – Landschaft so in die Selbstbeschreibung der ‚Auserwähltheit' der Vereinigten Staaten konstitutiv integriert (z. B. Spanier 2008, S. 278). Mit der Übersiedlung des deutsch-amerikanischen Geographen Carl O. Sauer nach Berkeley vollzog sich seit den 1920er Jahren eine Angleichung des (fachlichen) Landschaftsverständnisses an das damals dominierende deutsche Landschaftsverständnis und der methodischen Annäherungen an ‚den Gegenstand' der ‚Landschaft': „Was zu untersuchen war, wurde mittels der chronologischen Methode studiert und die Ergebnisse wurden deskriptiv in Worte und vor allem in Karten umgesetzt" (Cosgrove 1985, S. 57).

Bereits etwa ein Viertel Jahrhundert zuvor war dieses Verständnis von ‚Landschaft' der deutschen Geografie erst nach Japan und von dort aus nach China gelangt (Küchler und Wang 2009; Ueda 2009, 2013). Dort traf es auf sehr differenzierte Verständnisse der Beziehung von Mensch und Raum. In China erstreckte sich diese Differenzierung von ‚Shanshui', als Topos eines künstlerischen Genres, der Landschaftsmalerei, über ‚Jingse', als „(schönen) visuellen Totaleindruck von einem Ausschnitt der Erdoberfläche" (Küchler und Wang 2009, S. 206), bis hin zu Gestaltungsregeln für die Veränderung physischer Elemente zur Erreichung einer pittoresken Szenerie (‚Fenjing'), aber auch ‚Fengshui' (=Wind und Wasser), als ein Bewertungsverfahren für die Qualität räumlicher Arrangements (z. B. Küchler und Wang 2009; Zhang et al. 2013). Wie auch in anderen kulturellen Kontexten, in die europäische Landschaftsbegriffe (durch Experten von Gestaltern bis hin zu Wissenschaftlern) exportiert werden, entstehen soziale Distinktionsbeziehungen zwischen den Anhängern der traditionellen und der euro-genetischen Verständnisse von räumlichen Zusammenschauen zu etwas, was im Deutschen ungefähr als ‚Landschaft' beschrieben werden kann (vgl. Frohn und Rosebrock 2008).

Auch wenn die Erforschung der kulturellen Gebundenheit von Konzepten der Zusammenschau von Objekten und deren symbolischen Konnotation sowie insbesondere der Wechselwirkungen zwischen unterschiedlichen Verständnissen bei weitem nicht abgeschlossen ist, lassen sich doch vier wesentliche Aussagen hinsichtlich der gesellschaftlichen Konstruktion von Landschaft machen:

1. Die Synthese von Objekten und deren symbolische Konnotation ist stark kulturell – insbesondere sprachlich – kontextualisiert.
2. Diese Synthese unterliegt einem Entwicklungsprozess.
3. Dieser Entwicklungsprozess besteht aus autochthonen wie auch allochthonen Komponenten, d. h. es kommt zu Beeinflussungen.
4. Diese Beeinflussungen sind durch Machtprozesse gekennzeichnet (‚Wer ist in der Lage, seinem Landschaftsverständnis eine umfassendere Gültigkeit zu verschaffen?').

Das zuletzt angesprochene Thema des Kontextes von Macht und Landschaft(sdefinition) wird im Folgenden genauer anhand des Verhältnisses von Experten und Laien formuliert (mehr dazu bei Kühne 2008a, b).

3.4   Die Entwicklung der *déformation professionelle* bei Landschaftsexperten

Die Frage, in welcher Weise sich ein expertenhaftes Landschaftsbewusstsein konstituiert und wie es sich von dem von Laien unterscheidet, wurde in den vergangenen Jahren Gegenstand verschiedener Untersuchungen (Burckhardt 2004; Hokema 2013, 2015; Kühne 2008a, b; Tessin 2008; Wojtkiewicz und Heiland 2012). Der Prozess der Sozialisation von Experten lässt sich als eine Einführung in „institutionenbasierte ‚Subwelten‘" (Berger und Luckmann 1966, S. 138) verstehen und vollzieht sich im akademischen Kontext durch ein fachbezogenes Studium. Dieses Studium krempelt die Weltsicht der Studierenden also vollständig um, wie Hilbig (2014, S. 98) am Beispiel von Architekten verdeutlicht: „Sie können am Ende des Studiums nicht anders, *als* Bauwerke so zu sehen, wie sie sie sehen: als ‚schön‘, ‚hässlich‘, ‚unwahr‘, ‚echt‘ und so weiter". Landschaftsbezogene Sozialisationen stellen ein Charakteristikum der Moderne, die in arbeitsteiliger Weise, die „Suche nach Problemlösungen berufsmäßig organisierten Spezialisten" (Tänzler 2007, S. 125) zuweist, was mit einer „Trennung der Menschen in solche, die kompetent sind und solche, die inkompetent sind" (Bourdieu 2005 [1983], S. 13) einhergeht. Im Prozess der Aneignung im Zuge des Studiums werden zentrale Deutungsmuster zu Landschaft, fachlich konsensual validierte Bewertungen wie auch Methoden der Erfassung und Bewertung inkorporiert – und danach in der beruflichen Praxis – diskursiv verfestigt und aktualisiert (siehe z. B. Kühne 2008b). Diese expertenhaften Deutungsmuster stehen bisweilen jenen von Laien entgegen, wie Tessin (2008, S. 136) feststellt: „In der professionellen Landschaftsästhetik wird der Verstädterungsprozess […] eher als ‚Landschaftsverschandelung‘ oder ‚Landschaftsfraß‘ wahrgenommen", während Laien zu der Auffassung tendieren, „dass Verstädterung der Landschaft auch etwas mit ‚angenehmem Leben‘ zu tun hat". Infolge der Bildungsexpansion sind Expertentum und Laientum – hier im Kontext von Landschaft – nicht etwa als dichotome Trennungen zu deuten, sie stellen eher die unterschiedlichen Pole eines Kontinuums dar (Kühne 2008a). So finden sich bei Laien häufig auch unsystematisch erworbene Versatzstücke expertenhafter Interpretationsschemata zu Landschaft, vermittelt durch Schule, Bücher, Zeitung, Exkursionen, Internet u. a. Diese teilweise „auch widerstreitende[n] Kräfte" (Korff 2008, S. 103) stehen dann häufig in Widerspruch zu den eigenen, stärker emotional und ästhetisch geprägten Zugängen zu Landschaft. Sie können aber auch bei konfliktären Auseinandersetzungen mit Experten (z. B. bei Bürgerinitiativen gegen die physischen Repräsentanten der Energiewende) zur Begründung der eigenen Position integriert werden (siehe z. B. Weber et al. 2017). Experten eigen ist dabei häufig die Auffassung, die gesellschaftliche Definitionsmacht über Landschaft innezuhaben, und darüber hinaus (als Planer) die physischen Grundlagen von Landschaft entsprechend eigener normativer Vorstellungen zu gestalten, getrieben von dem „Glauben, dass der Konstrukteur eine Technologie designen kann und darin ihren Gebrauch bestimmt" (Irrgang 2014, S. 12). Dieser Prozess der Expansion expertenhafter Deutungs- und Definitionsmacht über Landschaft ist in den gesellschaftlichen Prozess der Modernisierung eingebettet (Beyme 2013, S. 13; Hervorh. i. O): „Der Niedergang der Klassen und der *Aufstieg der Experten* scheint die demokratischen Parteien entscheidend zu schwächen. Sachliche Kompetenz hat vielfach den Enthusiasmus der Amateure verdrängt". Mit der „Verwissenschaftlichung der Politik" (Jörke 2010, S. 275) geht einher, dass „Experten und Planer [...] den klassischen Intellektuellen gleichsam von der Bühne verdrängt" haben (Michelsen und Walter 2013, S. 365). Dieser Prozess hat eine immer stärkere Differenzierung von Sonderwissensbeständen zur Folge, verbunden – sofern eine normative Absicht verfolgt wird (wie konstitutiv bei der raumbezogenen Planung) – mit verstärkt vorgetragenen Geltungsansprüchen eigener Deutungen und Bewertungen.

Wie oben angesprochen, vollzieht sich die Sozialisation expertenhafter Landschaftsdeutungen und -bewertungen insbesondere im Kontext eines akademischen Studiums. Mit dem Ziel, diesen Prozess der Inkorporierung fachlicher Interpretationen nachvollziehbar zu machen, wurden an der Hochschule Weihenstephan-Triesdorf (Standort Freising) zu Beginn des Sommersemesters 2015 die Studierenden des zweiten, vierten und sechsten Fachsemesters der Landschaftsarchitektur (im zweiten Semester auch des Studiengangs ‚Landschaftsbau und Management', was infolge der weitergehenden Übereinstimmung der Inhalte während der ersten Fachsemester als vernachlässigbarer Unterschied gelten kann) zu ihrem Landschaftsverständnis befragt. Die Studierenden wurden im Rahmen von Lehrveranstaltungen gebeten, auf einem leeren Blatt die offen gestellte Frage ‚Was ist Landschaft?' zu beantworten, auf ein zeitliches Limit für die Beantwortung der Frage wurde verzichtet. Insgesamt beteiligten sich 255 Studierende an der Befragung, 116 aus dem zweiten, 68 aus dem vierten und 71 aus dem sechsten Semester (womit knapp die Hälfte der Studierenden an der Befragung teilgenommen haben). Die Auswertung der Antworten erfolgte sowohl quantitativ wie qualitativ (näheres zur Auswertungsmethode und zu einer detaillierteren Darstellung der Ergebnisse siehe Kühne 2015a).

Der Umfang der Antworten nach Zahl der verwendeten Worte belief sich insgesamt im arithmetischen Mittel auf 27,2 Worte. Zwischen den Fachsemestern schwankte diese Zahl deutlich: Zweites Semester: 18,1 Worte, vierten Semester: 40,6 Worte, sechstes Semester: 29,4. Als wesentlicher Indikator hinsichtlich der Frage der Inkorporierung fachlicher Deutungs- und Bewertungsmuster kann der Abstraktionsgrad der Antworten gelten. Zu einer diesbezüglichen Bewertung wurden die Antworten auf einer Skala von 1 (sehr exemplarisch) bis 5 (sehr abstrakt) klassifiziert. Dabei kann beispielsweise die Aufzählung „Natur, Wald, Wiesen, grün" (2. Semester; laufende Nummer 59) als gering, die Definition, Landschaft sei ein „komplexes Gefüge aus verschiedenen Faktoren [...]" (4. Semester; laufende Nummer 141) als sehr abstrakt verstanden werden. Insgesamt wiesen die Antworten der im vierten Semester Studierenden den höchsten Abstraktheitsgrad auf (Abb. 3.5). Dieses Antwortverhalten dokumentiert die vergleichsweise große Bedeutung,

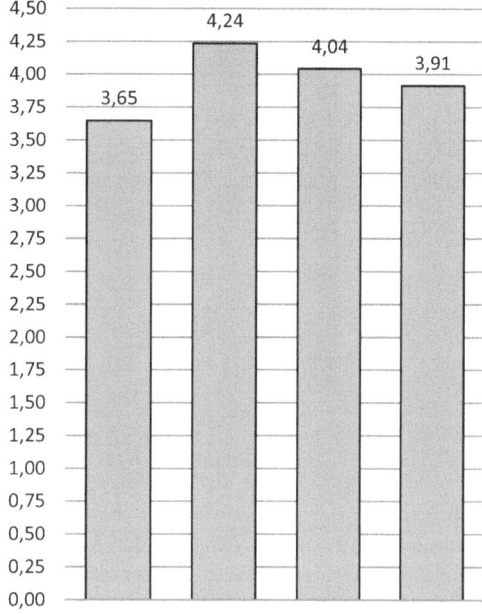

Abb. 3.5 Abstraktionsgrad der Antworten nach Semestern, wobei 1 für eine stark exemplarische Antwort, 5 für eine hohe Abstraktheit steht. (Quelle: nach Kühne 2015a)

die zwischen dem zweiten und dem vierten Semester dem Themenkomplex der Annäherung an unterschiedliche Landschaftsverständnisse innehat. Zwischen dem vierten und sechsten Semester gewinnt hingegen wieder ein stärker lebensweltlich orientierter Landschaftsbegriff an Bedeutung, da hier weniger die diskursive Verfestigung von zentralen Begriffen als eine praktische Auseinandersetzung mit Planung und Gestaltung in den Fokus des Studiums rückt.

Die Differenziertheit der Landschaftsbegriffe bei Studierenden unterschiedlicher Fachsemester zeigt sich auch in den Bezügen zu den wissenschaftlichen Grundpositionen Positivismus, Essentialismus und Konstruktivismus (Abb. 3.6; bei Kühne 2013). Die positivistische Deutung von Landschaft wird in den Worten einer Studentin/eines Studenten im vierten Semester (laufende Nummer 134) deutlich: „Landschaft ist ein großflächiges Gebiet, welches jegliche verschiedene Strukturen beinhaltet. […]". Dagegen wird eine essentialistische Deutung in der Bestimmung einer anderen Studentin/eines anderen Studenten, hier des zweiten Semesters (laufende Nummer 34), deutlich: „Landschaft ist der Spiegel der Seele der Erde". Ein konstruktivistisches Verständnis wird von einer/einem Studierenden (6. Semester, Schwerpunkt Freiraumplanung; laufende Nummer 245) vertreten:

> Landschaft ist für mich persönlich ‚Wahrnehmung'. Jeder Ort, jedes Relief, jede Topografie wird von jedem anders wahrgenommen. Jeder findet andere Aspekte als schön und wertvoll oder eben nicht. Die Wahrnehmung jedes Einzelnen bildet somit verschiedenste Bilder einer Landschaft. Landschaft entsteht durch Bilder in Köpfen der Menschen, beeinflusst durch sämtliche Sinne, wie das Hören, Riechen, Fühlen, Schmecken und natürlich das Sehen. Diese Wahrnehmung ist für mich Landschaft.

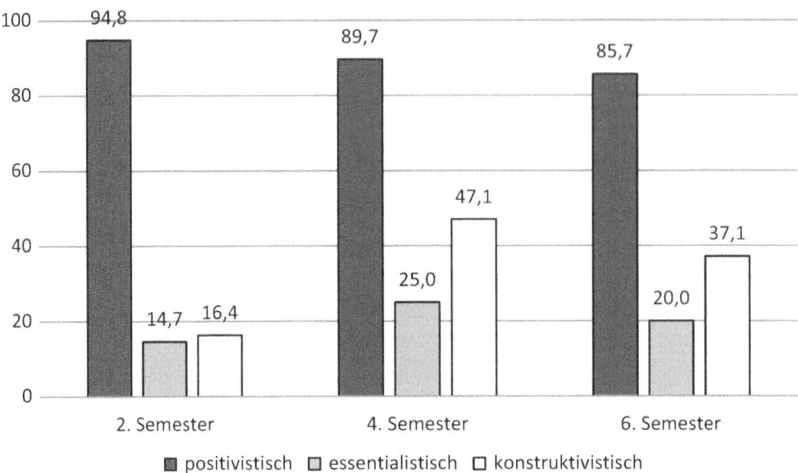

Abb. 3.6 Der Bezug zu den wissenschaftlichen Grundpositionen des Positivismus, des Essentialismus und des Konstruktivismus in den Antworten der Studierenden, Angaben in Prozent, zahlreiche Antworten wiesen Bezüge zu mehr als einer Grundposition auf. (Quelle: nach Kühne 2015a)

In den Begriffsbestimmungen der Studierenden wird häufig nicht ausschließlich eine Position vertreten (was wissenschaftstheoretisch fragwürdig erscheint, aber durchaus in der Praxis Vorteile haben kann, da auf unterschiedlichen Ebenen diskutiert werden kann. Zudem vereint selbst die Definition von Landschaft der ‚Europäischen Landschaftskonvention‘ essentialistische, positivistische und konstruktivistische Elemente). In der Regel erfolgt eine Kombination des Positivismus mit einer der anderen Grundpositionen, die Kombination des Konstruktivismus mit dem Essentialismus erfolgt nur in Ausnahmefällen. Insbesondere konstruktivistische Verständnisse nehmen – in lebensweltlichen Landschaftsverständnissen kaum vorhanden – im Studium (eigens im vierten Semester, infolge der ausführlichen Befassung mit dem Thema im vorangegangenen Semester) zu.

Im Folgenden soll das Ergebnis für die Studierenden des sechsten Fachsemesters noch einmal genauer erläutert werden. Hier zeigen sich signifikante Unterschiede zwischen den drei Vertiefungsrichtungen (Abb. 3.7): Zwar dominieren in allen Vertiefungsrichtungen positivistische Verständnisse, dies jedoch in stark unterschiedlicher Weise. Während in der stark naturwissenschaftlich ausgerichteten Vertiefungsrichtung der ‚Landschaftsplanung‘ nahezu alle Studierende eine – zumindest auch – positivistische Position vertraten, taten dies Studierende der eher gestaltungsorientierten Vertiefungsrichtung ‚Freiraumplanung‘ zu nur etwas über zwei Dritteln. Hier finden sich vergleichsweise zahlreiche Deutungsmuster, die bei Studierenden der Vertiefung ‚Landschaftsplanung‘ deutlich weniger und in der Vertiefungsrichtung der ‚Stadtplanung‘ überhaupt nicht auftraten. Im Vergleich zu den anderen beiden theoretischen Grundpositionen sind die Abweichungen im Auftreten der konstruktivistischen Position eher gering.

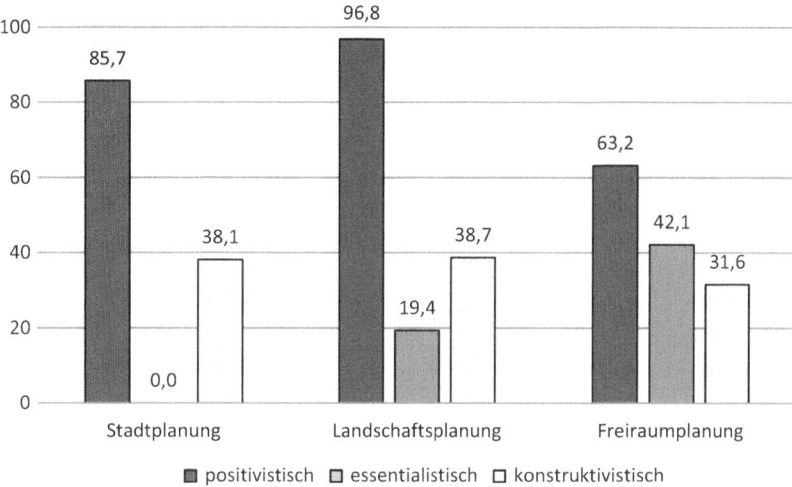

Abb. 3.7 Der Bezug zu den wissenschaftlichen Grundpositionen des Positivismus, des Essentialismus und des Konstruktivismus, bei den Befragten der Studierenden des sechsten Fachsemesters, differenziert nach Vertiefungsfächern, Angaben in Prozent, zahlreiche Antworten wiesen Bezüge zu mehr als einer Grundposition auf. Hier die Differenzierung der Antworten des Studierenden im sechsten Semester, differenziert nach Studienschwerpunkt. (n = 71; Quelle: nach Kühne 2015a)

Hinsichtlich der Frage, inwiefern bei den befragten Studierenden ein kognitiver, ästhetischer, funktionaler bzw. emotionaler Zugang zum Thema Landschaft – und in welcher Differenzierung nach Studiensemester – vorherrscht, findet sich in allen Semestern ein primär kognitiver Zugang. Mit zunehmender Semesterzahl nehmen jedoch auch ästhetische, funktionale und emotionale Bezüge zu, ein Befund, der angesichts der Ausführungen in Kap. 2 zur Sozialisation von Landschaft zunächst überraschend erscheint. Insbesondere im vierten Semester, aber auch im sechsten Semester, sind die Bezüge zu ästhetischen, funktionalen und emotionalen Bedeutungen stärker evaluativ, auf der Metaebene, weniger auf der Sachebene angesiedelt, d. h. es wird z. B. allgemein über die Bedeutung von Heimat (als emotionaler Bezug) referiert, denn ein eigener Bezug hierzu angegeben. Auch hier finden sich zwischen den Studienschwerpunkten im sechsten Semester deutlich Unterschiede: Funktionalität und Emotionalität werden von den Studierenden der Studienschwerpunkte sehr unterschiedlich in das eigene Landschaftsverständnis integriert. Im Schwerpunkt ‚Landschaftsplanung‘ wird insbesondere der funktionalen, im Schwerpunkt ‚Freiraumplanung‘, der emotionalen Dimension eine höhere Bedeutung beigemessen (Abb. 3.8). Die funktionale Bedeutung bei den Studierenden mit Schwerpunkt ‚Landschaftsplanung‘ manifestiert sich hierbei insbesondere in der expliziten Zuweisung der ‚Erholungsfunktion für die Bevölkerung‘ oder ‚der ökologischen Ausgleichfunktion‘.

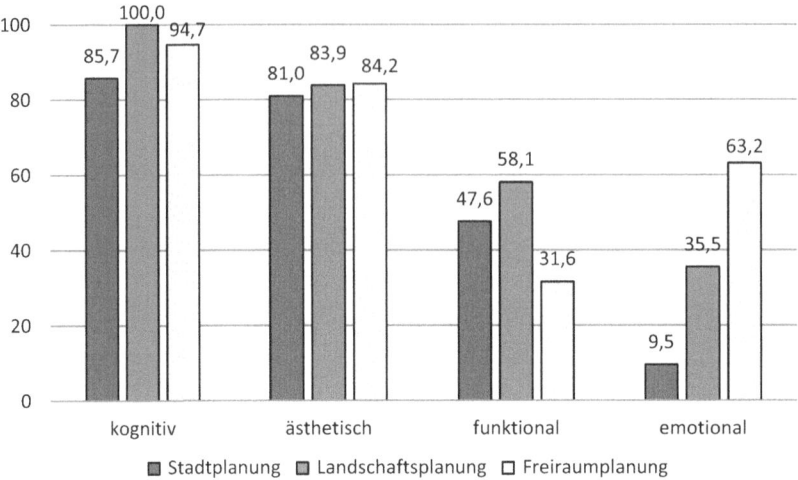

Abb. 3.8 Die Dimensionen von Landschaft bei Studierenden des sechsten Fachsemesters (in Anlehnung an Ipsen 2006), differenziert nach Studienschwerpunkten. (n = 71; Quelle: nach Kühne 2015a)

Auf die Frage, ob besiedelte, insbesondere dicht besiedelte, Räume als Landschaft verstanden werden, wird in 107 der 255 Antworten explizit Bezug genommen. Diesen Antworten wurden hinsichtlich der Polarität „Siedlung ist integraler Bestandteil von Landschaft" und „Siedlung und Landschaft sind strikt voneinander getrennt" Zahlenwerte von 1 (integraler Bestandteil) bis 5 (konstitutive Trennung) zugewiesen, das arithmetische Mittel mit einem Wert 3,0 im zentral mittleren Bereich. Die Häufigkeiten der einzelnen Aussagen hierzu zeigen jedoch eine starke Bipolarität (Abb. 3.9). So versteht eine Studentin/ein Student des sechsten Semesters (Stadtplanung; laufende Nummer 194) Landschaft knapp als den „Raum zwischen besiedelten Flächen". Die Gegenposition wird bei einer/einem Studierenden des sechsten Semesters (Freiraumplanung; laufende Nummer 244) deutlich: Landschaft sei die „Vereinigung von Natur und Städtebau bzw. Integration von Städtebau in Natur und andersrum".

Insgesamt lassen sich deutliche Veränderungen der Konstruktion von Landschaft im Studienverlauf der Studierenden der Fakultät ‚Landschaftsarchitektur' der Hochschule Weihenstephan-Triesdorf feststellen. Die Zugänge zum Thema werden komplexer und durch eine Stärkung des Zugangs auf Meta-Ebene geprägt (dies insbesondere infolge des Aufbaus des Studiums insbesondere im vierten Semester), konstruktivistische wie auch essentialistische Zugänge nehmen zu, dies allerdings mit einer deutlichen Differenzierung nach gewähltem Studienschwerpunkt im sechsten Semester. Bemerkenswert erscheint auch, was in den formulierten Landschaftsverständnissen der Studierenden *nicht* genannt wurde (oder lediglich randliche Erwähnung fand): Industrieanlagen, Anlagen der Erzeugung und zum Transport von elektrischer Energie, andere technische Infrastrukturen, aber auch nicht die Manifestationen von Personen mit Migrationshintergrund.

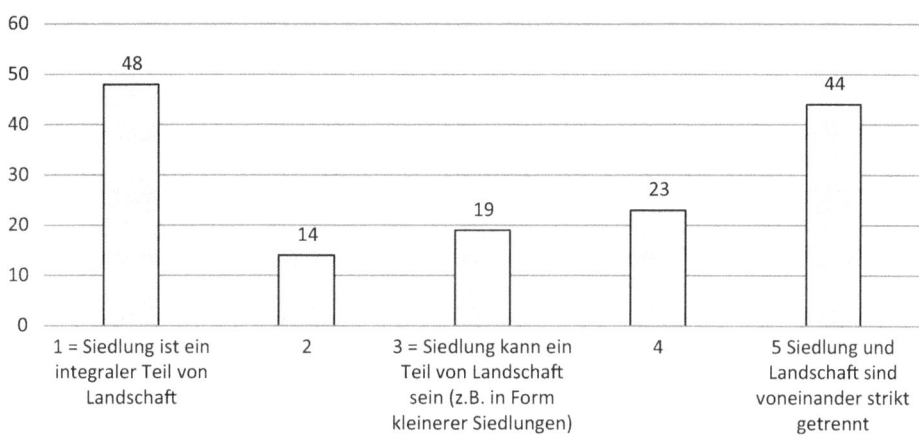

Abb. 3.9 Bezug der Antworten (wenn vorhanden) zur Frage, ob Siedlungen ein Teil von Landschaft zu verstehen sind, Zahlenangaben als Absolutwerte. (n = 107, Quelle: nach Kühne 2015a)

Hier zeigt sich eine weitgehende Übereinstimmung mit der ‚stereotypen Landschaft‘, wie sie auch den Diskurs der Planer dominiert. Im folgenden Kapitel rücken nun wieder die Verständnisse von Landschaft bei Personen ohne expertenhaften Zugriff auf diese in den Fokus.

Die Variabilität gesellschaftlicher Landschaftsverständnisse – Ergebnisse einer Trendstudie im Saarland

Die Darstellungen in diesem Kapitel basieren auf den Ergebnissen einer Trendstudie zur sozialen Konstruktion von Landschaft im Saarland. Dabei handelt es sich um eine im Mai bis Juli 2016 durchgeführte Wiederholung der Studie von 2004 (Kühne 2006). Die Studie von 2004 hatte neben dem hier erneut aufgegriffenen quantitativen auch einen qualitativen Studienteil, um den mit Landschaft verbundenen Sinn zu erforschen. Infolge des Ziels des zeitlichen Vergleichs (quantitative Studien zum Thema Landschaft im deutschen Sprachraum finden sich z. B. bei Kühne 2006 und 2015a; Hokema 2013; Stotten 2015; Wojtkiewicz und Heiland 2012), wurde auf eine Wiederholung des qualitativen Studienteils verzichtet. Da es sich bei der vorliegenden Studie um ein Anknüpfen an die bereits veröffentlichte Studie von 2004 handelt, wird hinsichtlich methodologischer Überlegungen auf diese (Kühne 2006) verwiesen. Im Folgenden werden einige grundsätzliche Überlegungen zu der Studie angestellt, bevor die Ergebnisse der Trendstudie dargelegt werden.

4.1 Methodik und Aufbau der Trendstudie

Quantitative Methoden zielen im Vergleich zu qualitativen stärker auf eine Standardisierung der Vorgehensweise (Kelle 2008, S. 35). In der quantitativen Analyse erfolgt – in naturwissenschaftlicher Denktradition – eine Untersuchung von Kausalitäten, Abhängigkeiten und Wahrschein-lichkeiten, während qualitative Analysen – in geisteswissenschaftlicher Denktradition – eine stärkere Fokussierung der Untersuchung der sozialwissenschaftlich wesentlichen Sinn-komponente aufweisen: „Verallgemeinerbarkeit der Befunde, Objektivität und Wiederholbarkeit der Datenerhebung und Datenanalyse auf der einen Seite, adäquate Erfassung der Sinndeutungs- und Sinnsetzungsprozesse der Akteure und der ihnen zugrundeliegenden Wissensbestände auf der anderen Seite" (Kelle 2008, S. 35). Die Nutzung standardisierter Methoden ist zudem mit einem geringeren Aufwand in Bezug auf die Auswertung verbunden, wodurch die Erhöhung der Anzahl der auszuwertenden Ergebnisse möglich wird. Dem größeren Umfang der Stichprobe wird üblicherweise eine größere Zuverlässigkeit der Ergebnisse zugeschrieben (Häder und Häder 2014, S. 286–288). Auch wenn der verwendete Fragebogen prinzipiell in der Tradition quantitativer Sozialforschung steht, finden sich auch vereinzelt offene und halb offene Fragen, die Elemente qualitativer Forschung darstellen. Somit lässt sich die verwendete Methodik hinsichtlich der Idealtypen von quantitativer und qualitativer Forschung eher als ein hybrides Verfahren quantitativ-qualitativer Forschung beschreiben (näheres zu methodischen Fragen siehe z. B. Kelle 2008; Lamnek 1995; Reichertz 2014). In diesem Kontext lässt sich auch die häufig vollzogene Äquivalenzierung von Methode und wissenschaftstheoretischer Grundposition hinterfragen, die häufig in der Form ‚Positivismus = quantitative Methoden‘ und ‚Konstruktivismus = qualitative Methoden‘ erfolgt (vgl. Glasze und Mattissek 2009). So kann sich auch ein quantitativ Forschender bewusst sein, dass er nicht die ‚objektive Wahrheit‘ über das von ihm untersuchte Feld ermittelt, sondern subjektive Weltdeutungen mithilfe auf Konventionen beruhender sozialwissenschaftlicher Methoden erhebt und auswertet.

Der verwendete – inhaltlich mit dem von 2004 identische, lediglich hinsichtlich der verbesserten Lesbarkeit in Bezug auf die verwendete Schriftart (Arial statt Times New Roman) – Fragebogen gliederte sich in vier Themenkomplexe[1]:

1. Der Landschaftsbegriff der Befragten,
2. die Konstruktion und Aneignung von Landschaft,
3. die individuelle Bedeutung von landschaftlicher Schönheit,
4. die Beurteilung von landschaftlicher Veränderung im Saarland.

Zudem wurden Fragen zu Geschlecht, Alter, Wohnort, Bildungsgrad, ausgeübtem Beruf, parteipolitischer Präferenz, Haushaltsnettoeinkommenshöhe und Haushaltsgröße

---

[1]Das Layout des Fragebogens wurde nach Möglichkeit einfach, übersichtlich und selbst erklärend gehalten. Die einzelnen Fragen mit ihren Antwortmöglichkeiten wurden durch durchgezogene Linien voneinander getrennt und optisch so weit als möglich vereinheitlicht. Dies hatte zum Ziel, den Befragten ein rasches Erfassen des Frageinhaltes zu ermöglichen. Neben geschlossenen Fragen wurden dabei – wie angemerkt – auch zahlreiche offene Fragen gestellt. Ziel der offenen Fragen war einerseits, die Aufmerksamkeit der Befragten zu erhöhen, andererseits wesentliche Informationen (wie beispielsweise der Zusammenhang zwischen einer als ‚schön‘ empfundenen Landschaft und deren Entfernung zum Wohnort) zu generieren. Darüber hinaus wurden zahlreiche geschlossene Fragen geöffnet (z. B. durch die Möglichkeit das Feld „anderes" auszufüllen), um so alternative Antworten zuzulassen, eine Möglichkeit, die von einer großen Zahl von Probanden genutzt wurde. Vor der Haupterhebung des Jahres 2004 wurde in einem kleinen Rahmen ein Pretest durchgeführt: 25 Personen wurde eine vorläufige Fassung des Fragebogens zur Beantwortung überlassen. Der Fragebogen gemäß den Ergebnissen des Pretests angepasst. Da sich der Fragebogen in der Befragung von 2004 bewährt hatte, wurde 2016 auf einen weiteren Pretest verzichtet.

mit dem Ziel gestellt, Zusammenhänge in Bezug auf Beurteilung, Bewertung und Konstruktion von Landschaft zu untersuchen. In Anlehnung an Inglehart (1998) wurde ein Fragenkomplex zum Vorherrschen materialistischer bzw. postmaterialistischer Werte bei den Befragten beantwortet.

Im Jahre 2004 wurden an 3209 sowie 2016 an 3239 saarländische Haushalte Fragebögen (Fragebogen siehe Anhang) zum Thema der sozialen Konstruktion von Landschaft versandt[2]. Der Rücklauf betrug 2004 455 auswertbare Fragebögen, 2016 450 auswertbare Fragebögen, was einer Rücklaufquote von 14,2 % und 13,9 % entspricht. Quoten, die – gemäß Diekmann (2003) – im Bereich des zu Erwartenden lagen. Wie Stichproben grundsätzlich, repräsentieren auch diejenigen dieser Trendstudie nicht sämtliche Merkmalsverteilungen der Gesamtpopulation (vgl. Diekmann 2003; Kromrey 2013), schließlich ist „die Redeweise von der ‚repräsentativen Stichprobe‘ […] nicht mehr als eine Metapher, eine bildhafte Vergleichung" (Diekmann 2003, S. 368; Kühne 2006).

Von 454 (von 455) Befragten, die 2004 Angaben zu ihrem Geschlecht machten, waren 320 männlich (=70,5 %) und 134 (=29,5 %) weiblich, in der Befragung von 2016 machten 437 (von 450) Befragte hierzu Angaben, davon 306 (70,0 %) als männlich und 131 (30,0 %) als weiblich. Dies bedeutete eine in den empirischen Sozialwissenschaften häufige Überrepräsentation von Männern in der Umfrage (vgl. Diekmann 2003). Das durchschnittliche Alter der Probanden betrug bei der Befragung 2004 53,0 Jahre; alle 455 Probanden machten Angaben zu ihrem Alter; bei der Befragung 2016 62,4 Jahre. Der jüngste Befragte war bei der Befragung 2004 Jahrgang 1989, der älteste war Jahrgang 1911. Bei der Befragung 2016 lag die Spannweite der Geburtsjahrgänge von 1924 bis 2000. Mehr noch als in der Studie von 2004 zeigt jene von 2016 eine stärkere Repräsentanz älterer Jahrgänge. Diese lässt sich teilweise einerseits auf das zunehmende Durchschnittsalter der saarländischen Bevölkerung, aber auch mit dem größeren Interesse älterer Bevölkerungsteile an Fragen zur landschaftlichen Entwicklung (z. B. Kühne 2008b) wie auch dem Anschreiben von Haushalten erklären, in denen die Beantwortung der Fragebögen nicht (sofern vorhanden) Kindern und Jugendlichen überlassen wurde.

---

[2]Die Adressen der Befragten wurden durch eine Zufallsauswahl der für das Saarland verfügbaren Einträge auf der Telefonbuch-CD/DVD der Deutschen Telekom (2004 und 2016) ermittelt. Der Umfang der Stichprobe wurde auf Grundlage der Wahrscheinlichkeitstheorie abgeschätzt. Der Fehler erster Art ist dabei ein Vielfaches der Standardabweichung des Stichprobenmittelwertes eines Merkmales. Nach Kaplitza (1975; vgl. hierzu auch Corell 1994) lässt sich mithilfe der Gleichung $n = (t^2 * p * (1-p)) * \alpha^{-2}$ der Mindeststichprobenumfang abschätzen. Bei einer Irrtumswahrscheinlichkeit von 5 % (t = 1,96) und dem ungünstigsten Fall des Merkmalsanteils von p = 0,5 ergibt sich ein Stichprobenumfang von 400 Personen. Die Rücklaufquote wurde in Anlehnung an Diekmann (2003) auf mindestens 12,5 % geschätzt, was bei einem geforderten Stichprobenumfang von n = 400 eine Befragung von 3200 Personen bedeutete. Die überzähligen neun bzw. 39 Befragungen ergaben sich aus der Zufallsauswahl. Die 95-prozentige Sicherheit gilt demnach für die Gesamtergebnisse, nicht aber für die Untergruppen (vgl. Corell 1994).

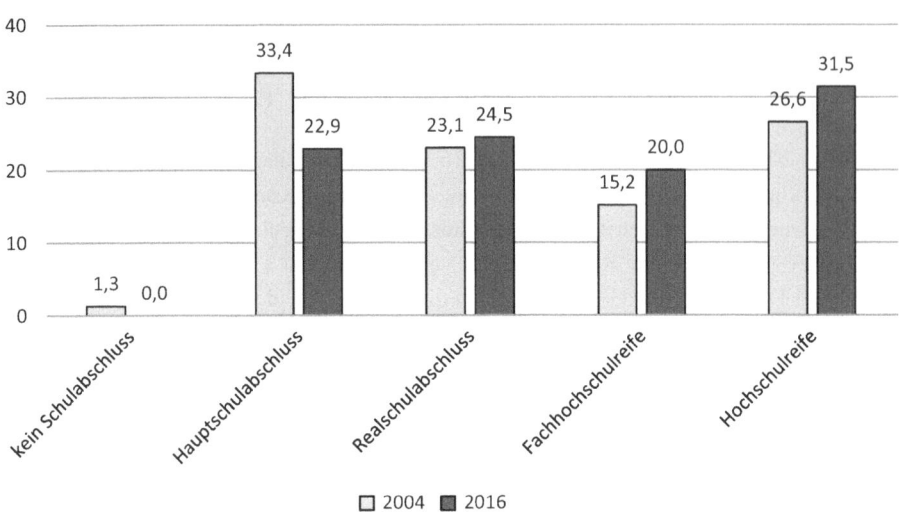

Abb. 4.1 Der höchste erreichte Schulabschluss der Probanden im Vergleich 2004 (n = 453) und 2016 (n = 440), in Prozent

Von 455 Befragten gaben im Jahr 2004 448 ihren Wohnort an, im Jahr 2016 nannten von 450 Befragten 425 ihren Wohnort. Die Wohnorte der Befragten wurden gemäß dem Landesentwicklungsplan Siedlung (Ministerium für Umwelt 2006) den drei Strukturräumen Kernzone des Verdichtungsraumes, Randzone des Verdichtungsraumes und Ländlicher Raum zugeordnet[3]. Demnach wohnten in der Kernzone des Verdichtungsraumes 2004 54,7 % und 2016 49,3 %, in der Randzone des Verdichtungsraumes lebten 22,4 % (2004) bzw. 18,2 % (2016), der Anteil der im Ländlichen Raum lebenden Befragten stieg von 21,3 % auf 26,9 % und keine Angaben machten 2004 1,5 % und 2016 5,6 %. Diese Verteilungen entsprechen annähernd den Anteilen der Einwohnerzahlen der drei Strukturräume (Ministerium für Umwelt 2006).

Zwischen den beiden Untersuchungszeitpunkten stieg der Anteil der Befragten mit höheren erreichten Schulabschlüssen (Abb. 4.1) wie auch der höchsten erreichten berufsbildenden Abschlüsse (Abb. 4.2).

Diese Veränderungen lassen sich als Ergebnis der Bildungsexpansion seit den späten 1960er Jahren beschreiben. Zu beiden Erhebungszeitpunkten zeigt sich dabei eine – im Vergleich zur Gesamtbevölkerung – stärkere Beteiligung von Personen mit einer höheren Bildung, was in der empirischen Sozialforschung als nicht ungewöhnlich gilt (Diekmann 2003).

---

[3]Bei Gemeinden mit Zugehörigkeit zu mehr als einem Strukturraum wurde – sofern der Befragte keine genauere Angabe zum Wohnort gemacht hatte – derjenige Strukturraum ausgewählt, zu dem die jeweilige Gemeinde größtflächigen Anteils gehört.

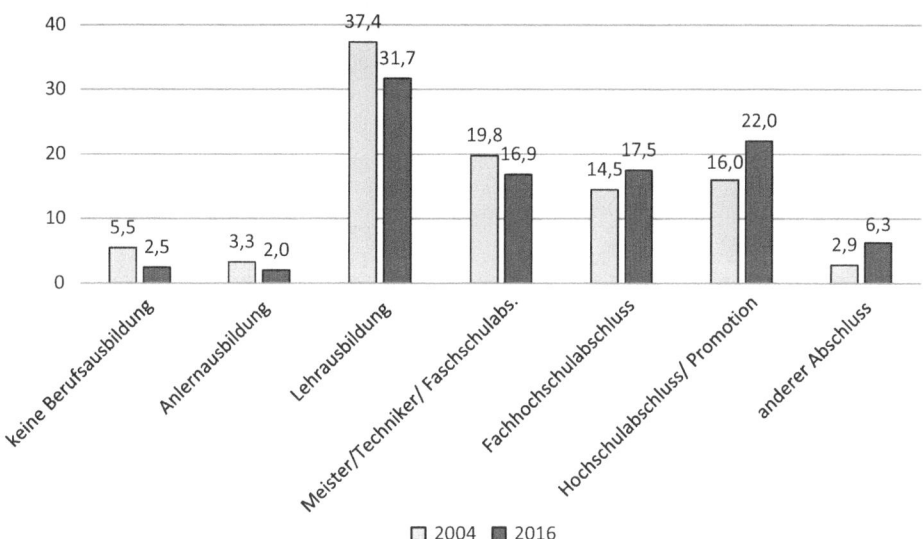

Abb. 4.2 Der höchste erreichte berufsbildende Abschluss der Probanden im Vergleich 2004 (n = 453) und 2016 (n = 440), in Prozent

Die Anteile der beruflichen Tätigkeit der Befragten zeigt eine – angesichts der weiter oben dargestellten Veränderung der Altersstruktur der Befragten zwischen 2004 und 2016 nachvollziehbare – Veränderungen weg von Berufstätigkeit/Ausbildung hin zu Ruhestand (Abb. 4.3).

Hinsichtlich der parteipolitischen Präferenz der Befragten lassen sich zwischen den Jahren 2004 und 2016 deutliche Verschiebungen feststellen (Abb. 4.4): Zuungunsten der Personen ohne parteipolitische Präferenz wie auch der SPD stieg insbesondere der Anteil der Sympathisanten von CDU, FDP, aber auch der Linken und der AfD. Hier spiegeln sich die Mitte des Jahres 2016 im Saarland zu findenden parteipolitischen Präferenzmuster mit einer deutlichen Überrepräsentanz von Grünen und FDP und (zumindest 2004) Unterrepräsentanz der CDU wider (bezogen auf die jeweils zeitnächsten Umfrageergebnisse; Wahlrecht.de 2017).

Die Frage über die Höhe des Netto-Haushaltseinkommens pro Jahr wurde im Jahr 2004 von 416 und im Jahr 2016 von 388 Befragten beantwortet. 2004 verfügten damit 10,6 % über ein Netto-Haushalteinkommen von unter 10.000 EUR pro Jahr, 2016 waren dies 6,4 %, 35,0 % (2004) und 29,6 % (2016) von 10.000 EUR bis 25.000 EUR jährlich, 36,3 % (2004) und 43,8 % von über 25.000 EUR bis 50.000 EUR und 9,7 % (2004) und 20,1 (2016) von mehr als 50.000 EUR. Damit sind die Bezieher höherer Einkommen über- und die Bezieher niedriger Einkommen – verglichen mit den jeweils aktuellen Zahlen des Statistischen Landesamtes – für beide Bezugsjahre unterrepräsentiert (Statistisches Amt Saarland 2004, 2016). Die Verschiebung der Einkommensverteilung hin zu

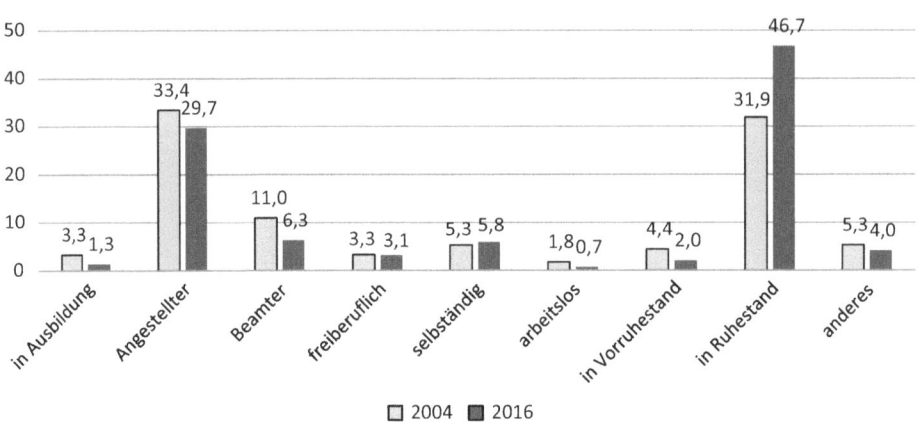

Abb. 4.3 Die berufliche Tätigkeit der Befragten im Vergleich 2004 (n = 453) und 2016 (n = 440), in Prozent

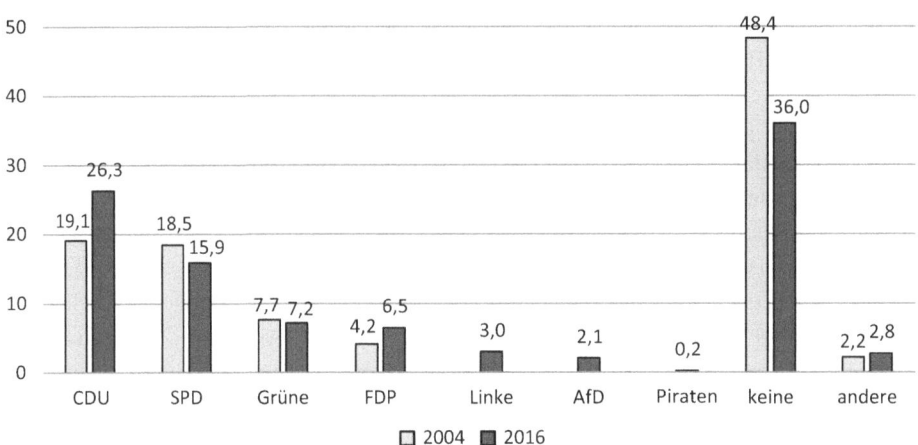

Abb. 4.4 Die parteipolitische Präferenz der Befragten im Vergleich 2004 (n = 455) und 2016 (n = 433), in Prozent

höheren Haushaltnettoeinkommen liegt im Wesentlichen in dem allgemeinen Wachstum der Einkommen und der Inflation im Untersuchungszeitraum.

Hinsichtlich der Haushaltsgröße lässt sich unter den 452 Befragten, die diese Frage im Jahre 2004 beantworteten (Statistisches Amt Saarland 2016, S. 438), folgende Verteilung feststellen: 16,3 % (2004) und 18,7 % (2016) lebten in einem Einpersonenhaushalt, 38,9 % zu 54,5 % in einem Zweipersonenhaushalt, 21,1 % zu 16,9 % in einem Dreipersonenhaushalt, 16,2 % zu 8,2 % in einem Vierpersonenhaushalt und 6,2 % zu 3,7 % in einem Haushalt mit fünf oder mehr Personen. Gemäß Statistischem Landesamt

Saarland (2004, 2016) sind Einpersonenhaushalte unter- und Mehrpersonenhaushalte überrepräsentiert. Ungeachtet dessen zeigt sich auch in der Haushaltsstruktur der Befragten eine Verschiebung hin zu kleineren Haushalten (Ein- und Zweipersonenhaushalte).

Bemerkenswert in Bezug auf die dargestellten soziodemographischen Daten ist die sich vergrößernde Zahl der Antwortverweigerung (besonders deutlich bei dem Nettohaushaltseinkommen) zu den Zeitpunkten 2004 und 2016. Dies erschwert entsprechend die Auswertung der Ergebnisse nach soziodemographischen Variablen (Abschn. 4.3).

4.2 Kontinuitäten und Veränderungen zwischen 2004 und 2016

4.2.1 Der Landschaftsbegriff

Mit dem Ziel, wesentliche Elemente der gesellschaftlichen Landschaft zu erfassen, wurden den Befragten Fragen zu Assoziationen zu, dem Inhalt wie auch der flächenhaften Dimensionierung von ‚Landschaft' gestellt.

Auf die offen gestellte Frage „An welches andere Wort denken Sie zuerst, wenn Sie das Wort ‚Landschaft' hören?" (Frage 3) antworteten im Jahr 2004 408 der 455 und 2016 417 der 450 Befragten. Insgesamt wurden – aufgrund von Mehrfachnennungen – zum früheren Erhebungszeitpunkt 466 Antworten, zum späteren 523 Antworten, gegeben. Die häufigsten Antworten (mehr als drei Nennungen) sind in Tab. 4.1 dargestellt. In beiden Bezugsjahren ist die am häufigsten genannte Assoziation die der Natur, mit steigender Tendenz. Die Assoziation mit Wald/Wäldern fand sich im Jahr 2004 auf dem zweiten Rang, wurde aber im Jahr 2016 von jener der Heimat auf den dritten Rang verdrängt. Die genannten Assoziationen lassen sich in eher konkrete (Wald/Wälder, Wiese/Wiesen, Berg/Berge/Gebirge) als auch eher abstrakte Begriffe (Natur, Umwelt[4]) wie auch individuelle lebensweltliche Bezugnahmen, z. B. als Erholungsraum, als Raum der Schönheit und Idylle wie auch insbesondere der Heimat, gliedern. Dabei lässt sich eine deutliche Verschiebung der Bezugnahmen im Vergleich der beiden Erhebungsjahre feststellen: Der Anteil der abstrakten Assoziationen stieg von 43,2 auf 46,3 %, während der der konkreten von 38,9 auf 29,3 % sank und jener der persönlichen Bezugnahmen von 17,8 auf 24,4 % stieg. Sehr deutlich ist in beiden Bezugsjahren die Assoziation von Landschaft als einem nichtstädtischen Raum, städtische Assoziationen fehlen weitgehend.

Die Aufforderung „Nennen Sie bitte drei Worte, die Ihrer Meinung nach mit dem Begriff Landschaft bedeutungsmäßig verwandt sind" (Frage 4, offen gestellt) beantworteten 2004

---

[4]Die deutliche Dominanz des Wortes „Natur" gegenüber dem Wort „Umwelt" in der Umfrage lässt sich mit Schemel et al. (2001) und Schemel (2004) aus der deutlich positiveren Resonanz des Wortes „Natur" in Form von „sinnlichen und emotionalen Assoziationen" (Schemel 2004, S. 371) erklären, während mit dem Wort „Umwelt" eher rationale Aspekte assoziiert seien.

Tab. 4.1 Absolute und relative Häufigkeit der Antworten zur der Frage „An welches andere Wort denken Sie zuerst, wenn Sie das Wort ‚Landschaft‘ hören?" im Vergleich der Befragungen 2004 und 2016. Berücksichtigt sind Antworten, die häufiger als dreimal genannt wurden (Ferner blieben bei der Auswertung Adjektive, in Verbindung mit Substantiven wie „natürliche Umwelt", „freie Natur" etc. unberücksichtigt, lediglich die Substantive wurden berücksichtigt. In den genannten Fällen also „Umwelt" und „Natur"). Berechnungsgrundlage für die Relativzahlen ist die Anzahl der Nennungen über 3 in dem jeweiligen Bezugsjahr

	Zahl der Nennungen 2004	Zahl der Nennungen 2016	Anteil an Nennungen in Prozent 2004	Anteil an Nennungen in Prozent 2016
Natur	100	121	27,0	34,8
Wald/Wälder	59	38	15,9	10,9
Heimat	37	48	10,0	13,8
Wiese/Wiesen	25	18	6,8	5,2
Umwelt	20	11	5,4	3,2
Grün	18	18	4,9	5,2
Berg/Berge/Gebirge	18	10	4,9	2,9
Umgebung	18	13	4,9	3,7
Erholung	12	16	3,2	4,6
Felder	8	8	2,2	2,3
Gegend	7	5	1,9	1,4
Ruhe	6	7	1,6	2,0
Hügel	5	3	1,4	0,9
Bäume	5	1	1,4	0,3
Weite	4	1	1,1	0,3
Luft	4	1	1,1	0,3
Schönheit	4	7	1,1	2,0
Idylle	3	3	0,8	0,9
Stille	3	0	0,8	0,0
Gesundheit	3	1	0,8	0,3
Garten/Gärten	3	1	0,8	0,3
Landwirtschaft	3	5	0,8	1,4
Lebensraum	3	2	0,8	0,6
Fließgewässer	0	3	0,0	0,9
Stehende Gewässer	1	4	0,3	1,1
Entspannung	1	3	0,3	0,9
Summe	370	348	100,0	100,0

424 Befragte, im Jahr 2016 waren es 387. Insgesamt erfolgten 2004 1208 Nennungen und 2016 1123 Nennungen. Die nach Häufigkeiten aggregierten Nennungen sind in Tab. 4.2 für beide Erhebungsjahre aufgeführt. Wie auch schon bei der Frage zu dem ersten anderen Wort, an das im Kontext des Wortes ‚Landschaft' gedacht wird (siehe Tab. 4.1) lassen sich hier konkrete Begriffe, abstrakte Begriffe und solche individueller lebensweltlicher Bezugnahme finden. Sowohl in Bezug auf die Erhebung 2004 als auch auf jene von 2016 lassen sich deutliche Unterscheide nachweisen: Bei der spontanen Assoziation mit dem Wort Landschaft werden in erster Linie abstrakte Begriffe (Natur, Umwelt) oder individuell-lebensweltliche Bezugnahmen auf Landschaft geäußert (z. B. Heimat). Bei der Aufforderung, drei mit dem Begriff Landschaft verwandte Worte zu nennen, gewinnen konkrete Begriffe (Wälder, Wiesen, Berge) deutlich an Bedeutung: Im Jahr 2004 waren 34,7 % der in Tab. 4.2 gelisteten Begriffe der Kategorie ‚abstrakt', 52,1 % der Kategorie ‚konkret' und 10,7 % der Kategorie ‚persönlich' zuzuordnen. Ein solcher Unterschied kann dahin gehend gedeutet werden, dass die Befragten Landschaft tendenziell zunächst als abstrakten Begriff mit emotionalem und symbolischem Gehalt verstehen, die Synthese einzelner landschaftlicher Elemente erfolgt dabei unbewusst und gilt als unhinterfragtes ‚Faktum' (Gailing 2012; Kühne 2013; Schlottmann 2005). Zwischen den Erhebungsjahren zeigen sich jedoch auch zu dieser Frage Verschiebungen, denn es verringerten sich die Anteile zu den Angaben abstrakter (33,1 %) und konkreter (49,4 %) zugunsten persönlicher (17,4 %) Bezugnahmen.

Die in den Antworten zu den übrigen Fragen festzustellende Subjektbezogenheit der Konstruktion von Landschaft findet sich auch bei Beantwortung der geschlossenen Frage mit Öffnung (durch das Feld „anderes") „Wenn Sie an eine Landschaft denken, welche Größe stellen Sie sich dafür am ehesten vor?" (Frage 23; Abb. 4.5): In beiden Befragungsjahren wurde die Größe einer Landschaft an der möglichen Sichtweite des Betrachters gebunden. Ein solches Verständnis von Landschaft schließt die Möglichkeit ein, dass Räume von sehr geringer Fläche als Landschaft verstanden werden können (z. B. Gärten, sogar Innenräume). Im Vergleich der beiden Bezugsjahre lässt jedoch eine leichte Verschiebung zugunsten eindeutiger Landschaftsgrößen zuungunsten der subjektiven Bezugnahme erkennen, jedoch lagen diese Unterschiede unterhalb der Signifikanzschwelle.

Zu den Fragen, welche Assoziationen zum Wort Landschaft bestehen und welche Begriffe für die Befragten bedeutungsmäßig mit dem der Landschaft verwandt seien, Fragen also, die sich primär auf die begriffliche Intentionalität und Extensionalität von Landschaft beziehen, wurde auch befragt, aus welchen Elemente sich Landschaft im (zumeist physischen) Raum zusammensetzt. Hierzu wurde die geschlossene Frage mit Öffnung (durch das Feld „anderes") „Was gehört Ihrer Meinung nach zu einer Landschaft?" (Frage 22) gestellt (Abb. 4.6). Im arithmetischen Mittel wurden im Jahr 2004 von den 23 Antwortmöglichkeiten 9,42 (das entspricht 40,9 %) und im Jahr 2016 8,66 (=37,7 %) angekreuzt. In beiden Erhebungsjahren dominieren bei den Elementen, die als Teil von Landschaft verstanden werden, hinsichtlich der Anteile relativ stabil, Wälder, Wiesen, Bäche, Dörfer und Bauernhöfe, allesamt multisensorisch, dominant

Tab. 4.2 Absolute und relative Häufigkeit der Antworten zur der Frage „Nennen Sie bitte drei Worte, die Ihrer Meinung nach mit dem Begriff Landschaft bedeutungsmäßig verwandt sind". Berücksichtigt sind Antworten, die häufiger als dreimal genannt wurden. Berechnungsgrundlage für die Relativzahlen ist die Anzahl der Nennungen über 3 in dem jeweiligen Bezugsjahr

	Zahl der Nennungen 2004	Zahl der Nennungen 2016	Anteil an Nennungen 2004 in Prozent	Anteil an Nennungen 2016 in Prozent
Wald/Wälder	140	105	16,22	15,13
Natur	123	95	14,25	13,69
Wiese/Wiesen	87	65	10,08	9,37
Umwelt	54	21	6,26	3,03
Umgebung	43	31	4,98	4,47
Berg/Berge/Gebirge	42	24	4,87	3,46
Heimat	40	35	4,63	5,04
Gegend	31	35	3,59	5,04
Landwirtschaft	31	24	3,59	3,46
Felder	27	25	3,13	3,60
Region	23	18	2,67	2,59
Wasser	22	10	2,55	1,44
Fluss/Flüsse	14	11	1,62	1,59
Ruhe	13	19	1,51	2,74
See/Seen	13	13	1,51	1,87
Dorf/Dörfer	13	7	1,51	1,01
Hügel	12	5	1,39	0,72
Lebensraum	12	21	1,39	3,03
Leben	10	8	1,16	1,15
Bäche	10	2	1,16	0,29
Garten/Gärten	10	8	1,16	1,15
Bäume	8	9	0,93	1,30
Pflanzen/Vegetation	8	8	0,93	1,15
Auen	7	3	0,81	0,43
Tiere	7	7	0,81	1,01
Erholung	7	23	0,81	˙3,31
Ort/Orte	7	2	0,81	0,29
Grün	6	13	0,70	1,87
Luft	6	7	0,70	1,01
Schönheit	6	10	0,70	1,44

(Fortsetzung)

Tab. 4.2 (Fortsetzung)

	Zahl der Nennungen 2004	Zahl der Nennungen 2016	Anteil an Nennungen 2004 in Prozent	Anteil an Nennungen 2016 in Prozent
Stadt	6	1	0,70	0,14
Park/Parks	5	1	0,58	0,14
Freiheit	4	3	0,46	0,43
Tal/Täler	4	9	0,46	1,30
Idylle	3	2	0,35	0,29
Stille	3	2	0,35	0,29
Gewässer	3	2	0,35	0,29
Flur	1	4	0,12	0,58
Weite	2	6	0,23	0,86
Summe	863	694	100,00	100,00

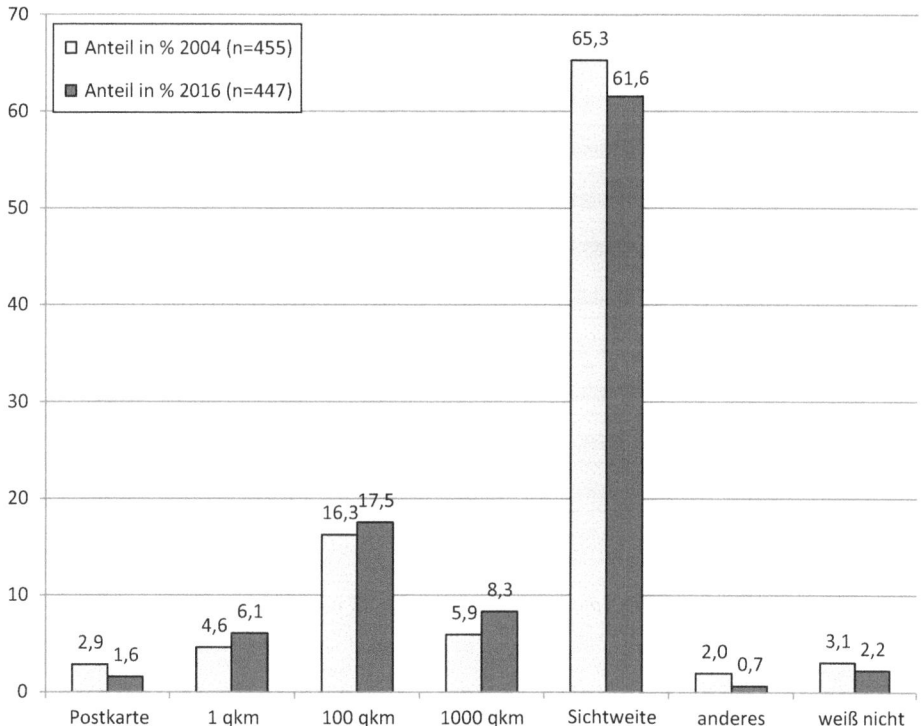

Abb. 4.5 Relative Häufigkeiten der Antworten auf die Frage „Wenn Sie an eine Landschaft denken, welche Größe stellen Sie sich dafür am ehesten vor?"

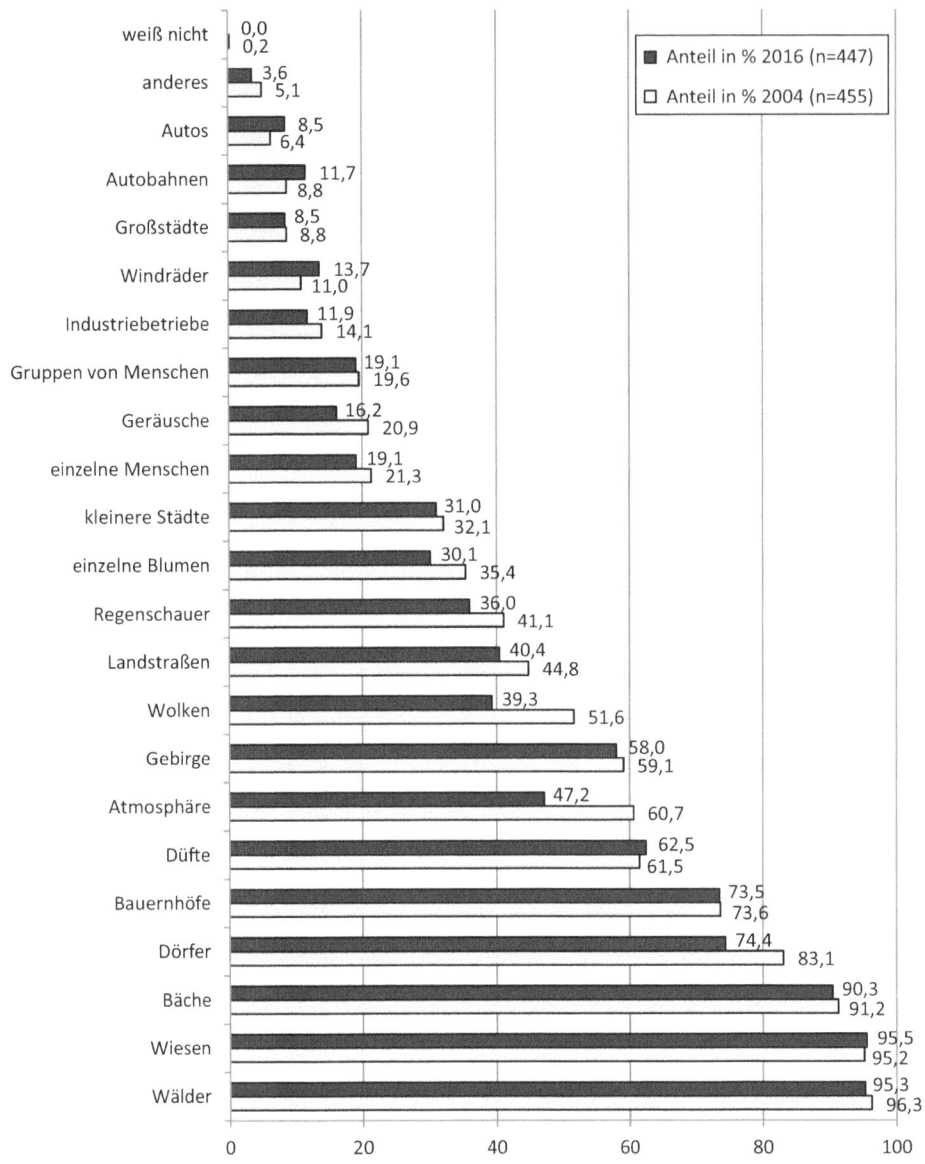

Abb. 4.6 Anteile der Antworten (mehrere Antworten waren möglich) zu der Frage „Was gehört Ihrer Meinung nach zu einer Landschaft?" an der möglichen Gesamtzahl der Nennungen pro Variable

aber optisch wahrnehmbar, sowie der olfaktorische Reiz des Duftes. Einen deutlichen Rückgang im Anteil der Nennungen bezieht sich auf die Atmosphäre (von knapp 61 % auf etwas über 40 %), dieser Rückgang ist gemäß Chi-Quadrat-Test als signifikant zu bewerten, wie auch der Rückgang des Anteils der Nennungen von Wolken (hier von knapp 52 % auf etwas über 39 %). Ansonsten weisen die Unterschiede zwischen den Erhebungsjahren (bezogen auf die gesamte Stichprobe der jeweiligen Bezugsjahre) keine signifikanten Unterschiede auf. Insgesamt lässt sich tendenziell ein Bedeutungsverlust von den flüchtigen Elementen (Geräusche, Atmosphäre, Wolken, Regenschauer, einzelne Blumen, einzelne Menschen; Ausnahme: Düfte) feststellen, während Elemente mit einer längeren Persistenz eher eine stabile Zuschreibung von Landschaftszugehörigkeit aufweisen.

Während die Anzahl der Landschaftselementnennung als Maßzahl für die Vielfalt der Vorstellung von Landschaft seitens der Befragten gelten kann, lässt sich der Stereotypizitätsindex als Indikator für die Abweichung von einer stereotypen (genormten) individuell aktualisierten Landschaft der Befragten verstehen. Zu einer stereotypen Landschaft gehören damit diejenigen Elemente, die überdurchschnittlich häufig genannt wurden. In der Auswertung der Untersuchung von 2004 (Kühne 2006) wurde der Stereotypizitätsindex wie folgt definiert: Als stereotyp wurden jene Elemente verstanden, die von mehr als 42,8 % der Befragten genannt wurden. Um Vergleichbarkeit herzustellen, wurde dieses Kriterium auch auf die Untersuchung von 2016 angewandt. Der Stereotypizitätsindex lässt sich als eine Maßzahl für den Grad der Übereinstimmung mit der durchschnittlichen Landschaftswahrnehmung (=100) verstehen. Je höher also der Wert, desto stereotyper die Landschaftsvorstellung. Als stereotyp können entsprechend in dieser Untersuchung folgende Elemente verstanden werden: Wälder, Wiesen, Bäche, Dörfer, Bauernhöfe, Düfte, Atmosphäre (im Sinne von Stimmung), Gebirge, Wolken und Landstraßen. Nicht zu einer stereotypen Landschaft zählen entsprechend: Regenschauer, einzelne Blumen, kleinere Städte, einzelne Menschen, Geräusche, Gruppen von Menschen, Industriebetriebe, Windräder, Autobahnen, Großstädte und Autos. Der Stereotypizitätsindex lag im Jahr 2004 bei 76,9 und wies bei den Befragten eine Spannweite von 40,9 bis 95,5 auf. Bis zum Jahr 2016 hat er sich lediglich gering verändert, in diesem Jahr erreichte er einen Wert von 76,4, wobei sich die *range* von 40,9 bis zu 100,0 (also einer vollständigen Übereinstimmung mit stereotypen Vorstellungen) betrug.

Fazit: Der Landschaftsbegriff der Befragten gliedert sich in unterschiedliche Dimensionen und ist dabei in Details durchaus variabel, auch wenn er in beiden Befragungsjahren einen erheblichen Grad an Stereotypizität (d. h. Normierung) aufweist. Landschaft wird zum Ersten abstrakt verstanden, die sich in der Assoziation von Landschaft zum Beispiel mit Umwelt und Natur äußert. Die gesellschaftliche Landschaft umfasst aber auch eine konkrete Dimension, diese bezieht sich auf Wälder, Wiesen, Berge etc. Zum Dritten umfasst das Verständnis von Landschaft eine individuelle lebensweltliche (teilweise emotionale) Bezugnahme. Ein solches Verständnis äußert sich in Worten wie Umgebung und Heimat. Eine solche individuell-lebensweltliche Bezugnahme zeigt sich auch in dem Verständnis von Landschaft anhand der eigenen Sichtweite. Die zeitlichen Veränderungen verdeutlichen dabei eine eher uneinheitliche Tendenz: Einerseits findet sich bei den offenen Fragen ein Bedeutungsverlust der abstrakten, bei gleichzeitigem Bedeutungsgewinn der individuell-lebensweltlichen Dimension, andererseits verringert sich deren Bedeutung in Bezug auf die Flächenzuschreibung, wenn auch auf sehr hohem Niveau. Zugleich sind die Unterschiede bei den offen gestellten Fragen deutlich größer als bei der geschlossen gestellten Frage 22. Das hier zum Ausdruck kommende

Landschaftsverständnis weist über den Betrachtungszeitraum neben einem sehr stabilen Stereotypizitätsindex, auch in der geringen Zahl von Merkmalen aus, bei der signifikante Abweichungen zwischen den Erhebungsjahren festzustellen waren (dies betraf lediglich Wollen und Atmosphäre). Die zu konstatierende Grundstabilität landschaftlicher Konstrukte sollte jedoch nicht darüber hinwegtäuschen, dass sich einzelne Aspekte der sozialen und individuellen Konstruktion von Landschaft in erheblichem Maße wandeln, was in den folgenden Abschnitten besprochen wird.

4.2.2   Aneignung von Landschaft

Wurden im vorangegangenen Abschnitt insbesondere die Elemente, die Extension, der ‚semantische Hof‘ (Hard 1969) wie auch die flächenhafte Ausdehnung von Landschaft in ihrer sozialen und individuellen Konstruiertheit betrachtet, widmet sich dieser Abschnitt den Aneignungsformen von Landschaft.

Die geschlossene Frage mit Öffnung (durch das Feld „anderes") „Wie nehmen Sie Landschaft in der Regel wahr?" (Frage 6), verdeutlicht die neben der unmittelbaren Befassung mit dem als Landschaft bezeichneten physischen Raum häufig auch eine virtuelle Befassung mit Landschaft (insbesondere in Dokumentarfilmen, im Fernsehen, aber auch im Internet; Abb. 4.7). Daneben findet sich eine rein bewusstseinsmäßige Konstruktion von Landschaft (in der Fantasie). Mit wenigen Ausnahmen, nämlich den Angaben ‚in Dokumentarfilmen‘ (signifikant), ‚anderes‘ und ‚im Internet‘ (signifikant), zeigt sich ein Trend der verringerten Vielfalt der Auseinandersetzung mit Landschaft, wobei hier die Veränderung zu ‚vom Zug aus‘ das Niveau der Signifikanz erreicht.

Auch hinsichtlich der Antworten auf die Frage „Wie wichtig ist es Ihnen, in oder in der Nähe einer Ihrer Meinung nach ‚schönen‘ Landschaft zu leben?" (Frage 2; Abb. 4.8) lässt sich auf einen leichten Bedeutungsverlust des Themas Landschaft für die eigene Lebenswelt schließen: Hier findet eine Verschiebung von ‚sehr wichtig‘ zu ‚wichtig‘ statt, ohne jedoch signifikant zu werden.

Hinsichtlich der Beantwortung der Frage „Wie nutzen Sie Landschaft?" (Abb. 4.9) lassen sich zwischen den Erhebungsjahren – auf hohem Niveau – Rückgänge hinsichtlich der Antworthäufigkeiten zu ‚Freizeit‘ und ‚Beobachtung‘ feststellen, während die Angaben zu ‚Bewirtschaftung‘ signifikant ansteigen. Dieser Bedeutungsgewinn von ‚Bewirtschaftung‘ lässt sich in dem Kontext verstärkter Do-it-Yourself-Aktivitäten, auch außerhalb des eigenen Hauses/der eigenen Wohnung, z. B. in privaten oder gemeinschaftlich bewirtschafteten Gärten, sehen (Freund 2015; Waldeyer 2016), auch wenn hierzu detailliertere Untersuchungen ausstehen.

Die Befassung mit Konstruktion wie auch Aneignung von Landschaft ist mit der Frage verknüpft, wie häufig sich Menschen mit dem Thema Landschaft befassen. Die Antworten auf die geschlossene Frage „Wie häufig denken Sie über Landschaft und ihre Veränderung nach?" (Frage 1; Abb. 4.10), dokumentieren eine häufige Befassung der

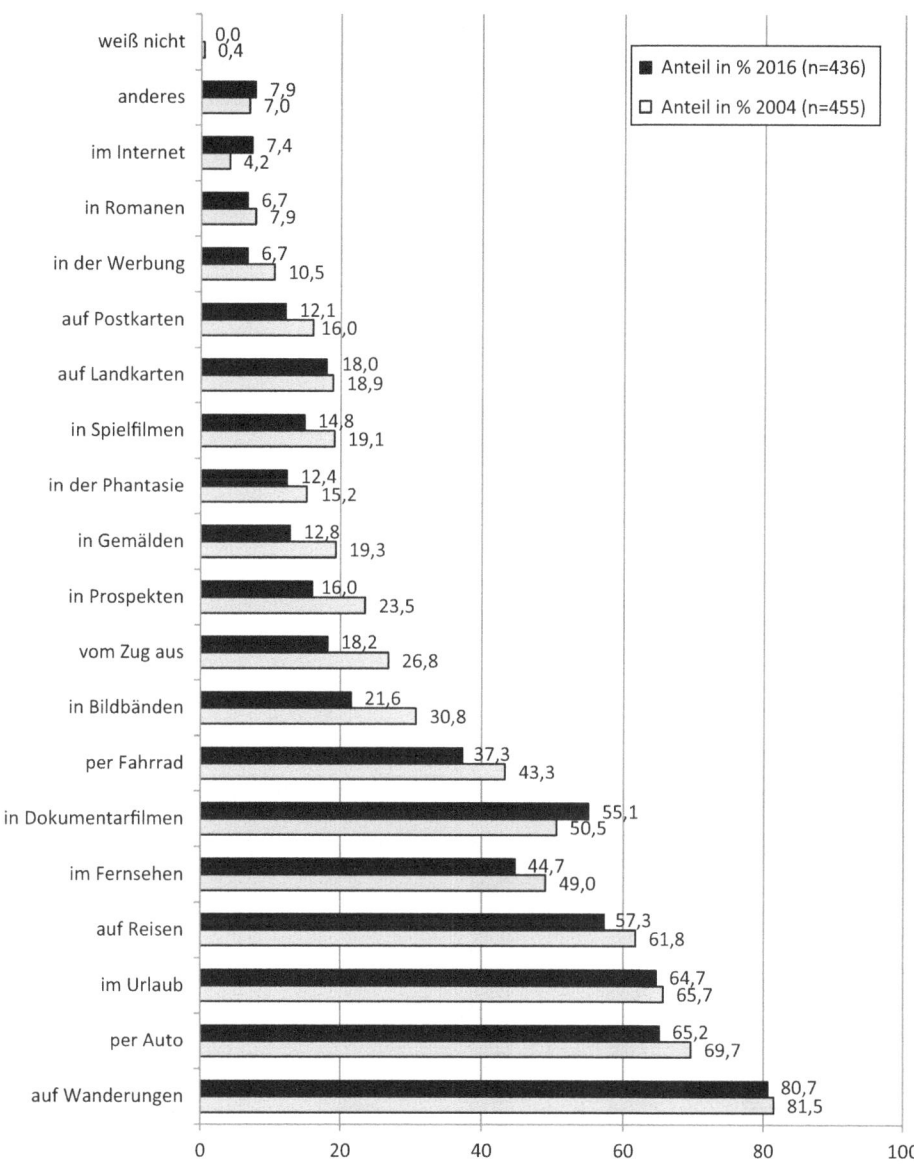

Abb. 4.7 Anteile der Antworten (mehrere Antworten waren möglich) zu der Frage „Wie nehmen Sie Landschaft in der Regel wahr?" an der möglichen Gesamtzahl der Nennungen pro Variable an der möglichen Gesamtzahl der Nennungen pro Variable

Befragten mit dem Thema Landschaft, wobei sich die Ergebnisse zwischen den beiden Erhebungszeitpunkten nicht signifikant verändert haben, allein die Angabe ,weiß nicht' ist signifikant zurückgegangen.

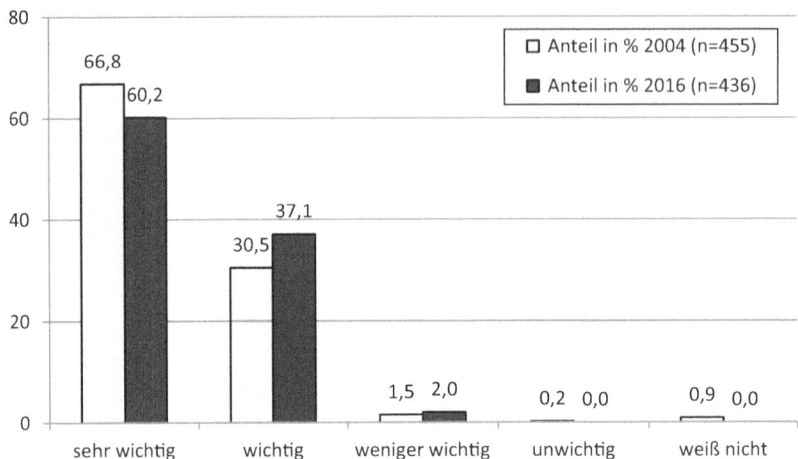

Abb. 4.8   Anteile der Antworten (mehrere Antworten waren möglich) zu der Frage „Wie wichtig ist es Ihnen, in oder in der Nähe einer Ihrer Meinung nach ‚schönen' Landschaft zu leben?" an der möglichen Gesamtzahl der Nennungen pro Variable

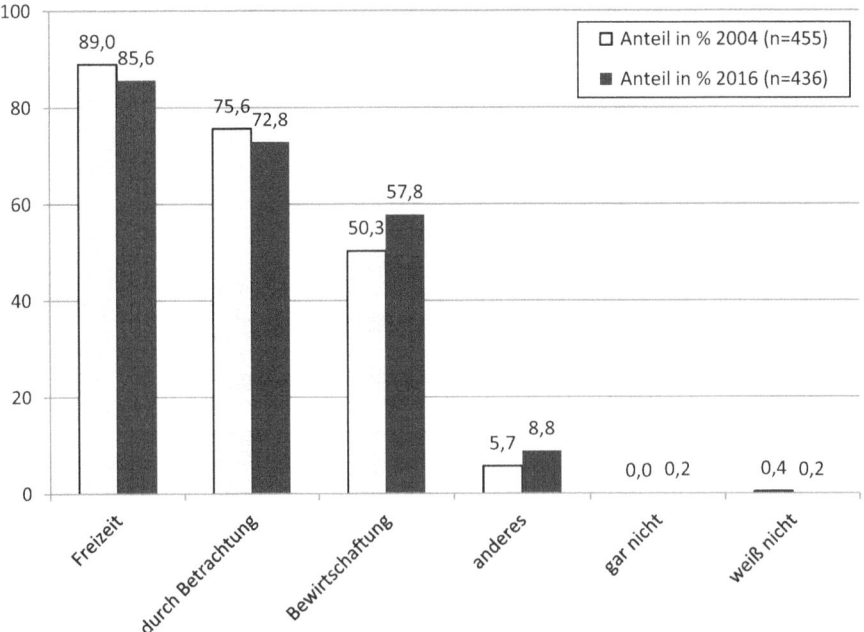

Abb. 4.9   Anteile der Antworten (mehrere Antworten waren möglich) zu der Frage „Wie nutzen Sie Landschaft?" an der möglichen Gesamtzahl der Nennungen pro Variable

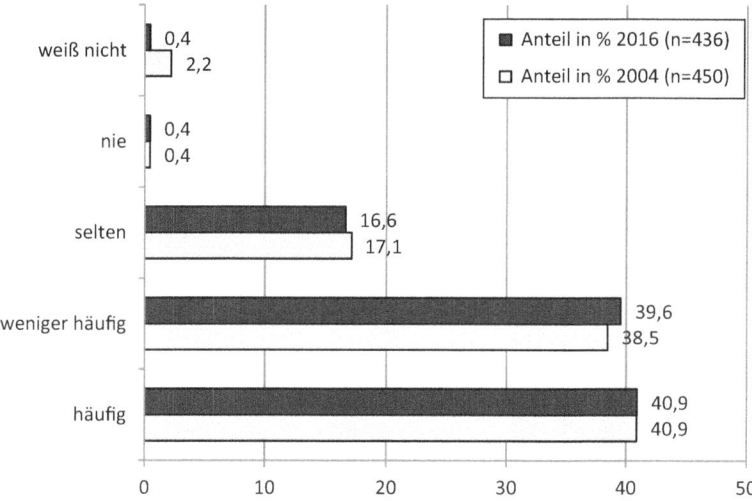

Abb. 4.10 Anteile der Antworten (mehrere Antworten waren möglich) zu der Frage „Wie häufig denken Sie über Landschaft und ihre Veränderung nach?" an der möglichen Gesamtzahl der Nennungen pro Variable

Neben der Frequenz der kognitiven Befassung mit Landschaft ist für das Verständnis der sozialen Konstruktion von Landschaft auch die Frage von Interesse, wie sich Menschen Wissen über Landschaft aneignen (Frage 8). Hauptquelle der Aneignung von Wissen über Landschaft ist nach wie vor demnach die direkte Beobachtung (Abb. 4.11). Einen signifikanten Rückgang findet sich hinsichtlich der Nutzung von Büchern zur Informationsgewinnung über Landschaft. Einen hochsignifikanten Bedeutungsgewinn zur Wissensaneignung über Landschaft findet sich im Hinblick auf das Internet: Es hat im Vergleich zu 2004 den Rang mit den Führungen getauscht. Insgesamt lässt sich hinsichtlich der Aneignung von Wissen über Landschaft eine erhebliche Differenziertheit der Zugänge nachvollziehen, bei deutlichen Verschiebungen vom Buch zum Internet.

Im Kontext der gestiegenen Verfügbarkeit (insbesondere durch die Nutzung von Smartphones) zur Beantwortung von Wissensfragen mittels Nutzung des Internets müssen die – teilweise hochsignifikant – gestiegenen korrekten Beantwortungen solcher Fragen durchaus relativiert werden. Im Kontext dieser Untersuchung handelt es sich um die Fragen (10.1 bis 10.3):

a) Als welche Landschaft würden Sie den Saargau bezeichnen?
b) Mit welchem geologischen Prozess bringen Sie den Schaumberg hauptsächlich in Verbindung?
c) Als was lassen sich Ihrer Meinung nach die Mehrzahl der Dörfer des Saarlandes am ehesten bezeichnen?

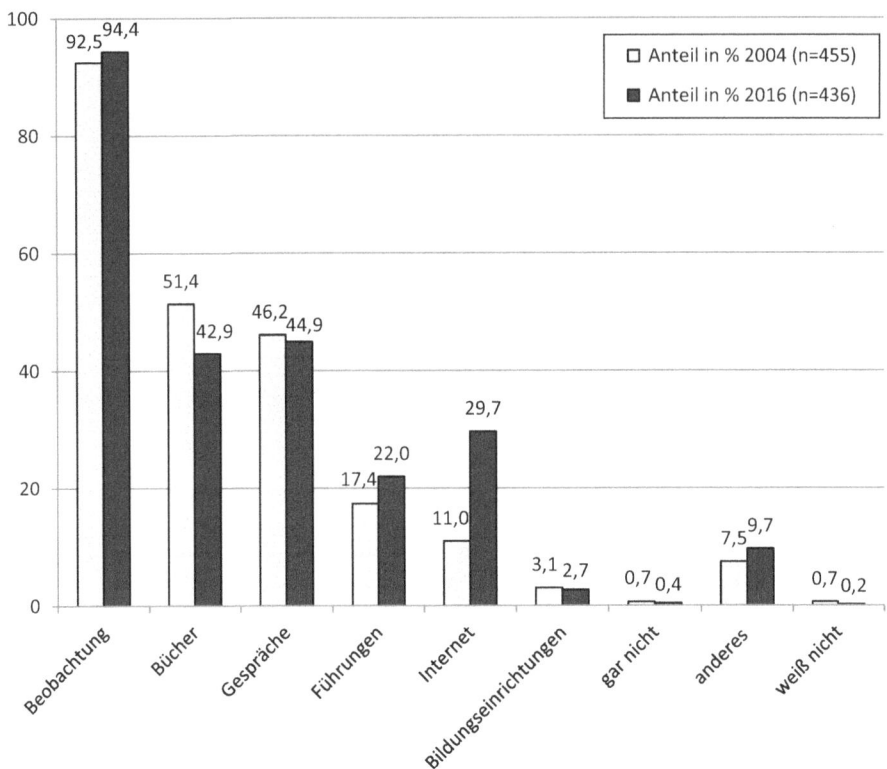

Abb. 4.11 Anteile der Antworten (mehrere Antworten waren möglich) zu der Frage „Wie eignen Sie sich Wissen über Landschaft an?" an der möglichen Gesamtzahl der Nennungen pro Variable

Frage a) wurde 2016 bei insgesamt fünf Antwortmöglichkeiten mit 50,6 % (anstelle von 39,3 % 2016) hochsignifikant häufiger korrekt mit ‚Muschelkalklandschaft‘ beantwortet, wobei die Antwortalternative ‚weiß nicht‘ signifikant weniger häufig angegeben wurde. Frage b) wurde 2016 mit 44,5 anstelle von 35,8 % korrekterweise mit ‚Vulkanismus‘ in Verbindung gebracht (ebenfalls fünf Antwortalternativen), auch hier ging die Zahl der Antworten ‚weiß nicht‘ signifikant zurück. Auch zu Frage c) stieg der Anteil korrekter Antworten von 56,7 auf 63,8 %, erreichte allerdings das Signifikanzniveau nicht (eine Interpretation mag sein, dass die Beantwortung der Frage eher durch systematischen Wissenserwerb oder Beobachtung zu beantworten ist, da im Internet schwieriger recherchierbar).

Hinsichtlich der Aneignung von Landschaft lässt sich insgesamt eine Abnahme der Vielfalt der Formen der Aneignung von Landschaft wie auch eine leicht abnehmende Bedeutung von Landschaft für die eigene Lebenswelt feststellen. Sehr deutlich ist der Bedeutungsgewinn des Internets gegenüber dem gedruckten Buch hinsichtlich der Aneignung von Wissen über Landschaft. Es ist davon auszugehen, dass die nahezu

Abb. 4.12 Die zur Beurteilung von Landschaft vorgelegten Fotos einer ‚Gaulandschaft' (**a**), einer ‚Altindustrielandschaft' (**b**), einer ‚Waldlandschaft' (**c**) und einer ‚Offenlandschaft mit Windkraftanlagen' (**d**)

ständige Verfügbarkeit von (Fakten-)Wissen durch das Internet auch das Antwortverhalten in Bezug auf Wissensfragen beeinflusst.

4.2.3 Die Beurteilung von Landschaft und landschaftlicher Veränderung im Saarland

Mit dem Ziel, neben abstrakten Fragen zum Landschaftsbegriff und zur Aneignung von Landschaft auch Bewertungen zu konkreten, üblicherweise als Landschaften bezeichneten Räumen zu erhalten, wurden den Befragten vier Fotos (drei davon aus dem Saarland, eines aus Rheinland-Pfalz, unmittelbar an der saarländischen Landesgrenze) vorgelegt (Abb. 4.12). Waren die bisher dargestellten Einschätzungen der Befragten 2004 und 2016 durch eine gewisse Konstanz geprägt, hat sich diese in Bezug auf die in den Fotos abgebildeten Räumen teilweise fundamental gewandelt.

Sowohl hinsichtlich der Charakterisierung (Tab. 4.3) als auch der gefühlsmäßigen Besetzung (Tab. 4.4) der abgebildeten Räume zeigen sich zwischen den beiden Erhebungsjahren zum Teil erhebliche Unterschiede. Insbesondere hinsichtlich der

Tab. 4.3 Die Charakterisierung der abgebildeten Landschaften (siehe Abb. 4.12) nach den Erhebungsjahren 2004 (n = 455) und 2016 (n = 436). Die hellgraue Flächenfärbung bezeichnet einen signifikanten, die dunkelgraue einen hochsignifikanten Unterschied zwischen den dargestellten Werten. Angaben in Prozent, eine Antwortmöglichkeit

	Erhebungsjahr	Modern	Hässlich	Schön	Nichtssagend	Traditionell	Interessant	Anderes	Weiß nicht	Summe
Gau	2004	0,9	0,0	67,3	1,3	22,0	4,0	2,9	1,8	100,0
	2016	0,5	0,0	62,9	0,7	29,5	4,6	1,7	0,0	100,0
Industrie	2004	3,1	50,1	0,0	2,0	26,2	13,6	3,3	1,8	100,0
	2016	1,6	38,8	0,7	1,6	34,9	17,3	4,4	0,7	100,0
Wald	2004	0,0	0,2	58,0	8,4	15,2	11,2	5,3	1,8	100,0
	2016	1,6	38,8	0,7	1,6	34,9	17,3	4,4	0,7	100,0
Windkraft	2004	39,8	33,4	0,4	7,0	0,2	9,9	5,9	3,3	100,0
	2016	41,8	36,2	0,9	7,9	1,2	6,3	4,4	1,2	100,0

Charakterisierung des Fotos mit Altindustrie ergaben sich fundamentale Verschiebungen: Die 2004 dominante Charakterisierung als ‚hässlich' verringerte sich 2016 hochsignifikant, während gleichzeitig die Charakterisierung ‚traditionell' so deutlich (hochsignifikant) anstieg, dass die Differenz zwischen beiden auf knapp 4 Prozentpunkte schrumpfte, während sie 2004 noch knapp 24 Prozentpunkte betrug. Zugleich stieg der Anteil der Nennungen ‚interessant' signifikant an. Diesem gewandelten Verständnis der ‚Altindustrielandschaft' entsprechend vollzog sich auch eine deutliche Veränderung der gefühlsmäßigen Besetzung: Negative besetzte Gefühle erfuhren einen Rückgang, ‚Abscheu' sogar hochsignifikant, zugleich stieg der ‚Stolz' auf die Landschaft (wenn auch auf geringem Niveau) hochsignifikant an. Bemerkenswert ist auch die Verringerung indifferenter Haltungen (‚Gleichgültigkeit' und ‚weiß nicht', letztere sogar hochsignifikant). Insgesamt lässt sich festhalten, dass Altindustrie zunehmend als Teil der saarländischen Landschaft akzeptiert wird, zunehmend sogar auch ein Element der Identifikation wird.

Deutliche Verschiebungen gab es zudem in Bezug auf den als ‚Gaulandschaft' bezeichneten Raum: So stieg die Charakterisierung als ‚traditionell' signifikant an, während jene als ‚schön' deutlich zurückging (wenn auch unterhalb der Signifikanzschwelle). Die Verschiebungen hinsichtlich der emotionalen Zuschreibungen erreichten dagegen sehr viel häufiger das Niveau der Signifikanz oder sogar Hochsignifikanz: Besonders deutlich war der Rückgang des Gefühls der ‚Behaglichkeit', während zugleich – ebenfalls hochsignifikant – die Nennung ‚Freude' anstiegen. Wie auch in Bezug auf die Industrielandschaft stieg auch hier der Anteil der ‚Zugehörigkeit' Empfindenden (hier signifikant) an. Indifferente Angaben gab es – im Vergleich zu 2004 – im Jahre 2016 nur noch in Ausnahmefällen.

Tab. 4.4 Die Antworten, welches Gefühl die abgebildeten Landschaften (siehe Abb. 4.12) bei den Befragten auslösen, nach den Erhebungsjahren 2004 (n = 455) und 2016 (n = 436). Die hellgraue Flächenfärbung bezeichnet einen signifikanten, die dunkelgraue einen hochsignifikanten Unterschied zwischen den dargestellten Werten. Angaben in Prozent (eine Antwortmöglichkeit)

	Erhebungs-jahr	Angst	Behaglich-keit	Gleichgül-tigkeit	Trauer	Freude	Abscheu	Liebe	Stolz	Zugehö-rigkeit	Anderes	Weiß nicht	Summe
Gau	2004	0,2	45,3	2,4	0,0	22,4	0,0	2,2	0,4	16,0	4,8	6,2	100,0
	2016	0,3	33,6	1,0	0,0	33,6	0,0	1,8	2,0	23,5	3,8	0,5	100,0
Industrie	2004	4,6	0,7	18,2	7,3	0,2	19,1	0,0	3,1	22,4	12,7	11,6	100,0
	2016	3,4	0,9	18,1	7,8	0,0	12,2	0,0	9,2	27,8	16,3	4,4	100,0
Wald	2004	1,3	33,2	7,5	1,3	29,9	0,4	1,8	2,2	11,4	7,3	3,7	100,0
	2016	3,4	0,9	18,1	7,8	0,0	12,2	0,0	9,2	27,8	16,3	4,4	100,0
Windkraft	2004	3,7	2,4	32,3	7,7	4,2	17,1	0,0	4,0	4,8	11,0	12,7	100,0
	2016	0,7	23,5	14,6	1,2	26,2	0,5	0,5	3,9	16,7	6,3	5,8	100,0

Tab. 4.5 Die Antworten der Befragten (eine Antwortmöglichkeit), ob und in welcher Dauer sie mit Blick auf die abgebildeten Land-schaften (siehe Abb. 4.12) leben möchten, nach den Erhebungsjahren 2004 (n = 455) und 2016 (n = 436), in Prozent. Die hellgraue Flächenfärbung bezeichnet einen signifikanten, die dunkelgraue einen hochsignifikanten Unterschied zwischen den dargestellten Werten

	Erhebungsjahr	Immer	Zeitweilig	Nie	Weiß nicht	Summe
Gau	2004	52,5	43,1	1,1	3,3	100,0
	2016	62,8	35,4	0,9	0,9	100,0
Industrie	2004	2,6	15,8	75,8	5,7	100,0
	2016	1,6	21,0	72,5	5,0	100,0
Wald	2004	28,8	53,2	9,2	8,7	99,9
	2016	33,5	52,5	9,3	4,8	100,0
Windkraft	2004	2,0	27,7	58,9	10,1	98,7
	2016	7,7	27,4	55,6	9,3	100,0

Deutliche Veränderungen haben sich in Bezug auf das Foto des Waldes ergeben: Der Anteil der Befragten, die diesen als ‚schön' charakterisierten, sank um knapp ein Drittel, während die Zuschreibung der Traditionalität (ebenso hochsignifikant) stieg. Als ‚indifferent' zusammenfassbare Charakterisierungen (‚nichtssagend' und ‚weiß nicht') stiegen signifikant an, auch das Gefühl der ‚Gleichgültigkeit' gegenüber dem Wald wuchs hochsignifikant an. Hochsignifikant ging die emotionale Bezugnahme der ‚Behaglichkeit' zurück, während die der ‚Zugehörigkeit' signifikant anstieg. Kurzgefasst verliert Wald deutlich an positiver Bezugnahme, die Befragten stehen ihm zunehmend gleichgültig gegenüber.

Hinsichtlich der Charakterisierung des Bildes, des mit Windkraftanlagen bestandenen Raumes, ergeben sich keinerlei signifikante Veränderungen, wohl aber in Bezug auf die diesen entgegengebrachten Gefühle. Hier wird eine zunehmende Polarisierung deutlich: ‚Gleichgültigkeit' und ‚weiß nicht' als Indikatoren einer indifferenten Bezugnahme nimmt signifikant ab, während ‚Angst' signifikant auf der einen und ‚Zugehörigkeit' auf der anderen Seite (hochsignifikant) zunimmt. Angesichts des erheblichen Ausbaus von Windkraft zwischen 2004 und 2016 lässt sich die Entwicklung einerseits als Normalisierung, andererseits auch als Widerspruch zu stereotypen Landschaftsvorstellungen interpretieren (vgl. komprimiert auch Kühne und Weber 2016).

Ebenso hinsichtlich der Frage, ob und in welcher Dauer die Befragten mit Ausblick auf die präsentierten Fotos leben möchten, haben sich zwischen den Erhebungsjahren deutliche Unterschiede entwickelt (Tab. 4.5). So hat sich die Präferenz für die ‚Gaulandschaft' weiter verstärkt (signifikant) und auch der Wunsch mit Blick auf Windkraftanlagen zu leben, hat sich hochsignifikant gesteigert. Insgesamt lässt sich (wenn auch nicht signifikant) eine Steigerung der Ambiguitätstoleranz in Bezug auf Aussichten interpretieren: Bis auf den Bezug zu Wald nahm die Antwortanteile von

Tab. 4.6 Die Antworten der Befragten (eine Antwortmöglichkeit), ob sie es bedauerten, wenn die abgebildeten Landschaften (siehe Abb. 4.12) ihren Charakter ändern würden, nach den Erhebungsjahren 2004 (n = 455) und 2016 (n = 436), Angaben in Prozent. Die hellgraue Flächenfärbung bezeichnet einen signifikanten, die dunkelgraue einen hochsignifikanten Unterschied zwischen den dargestellten Werten

	Erhebungsjahr	Ya	Nein	Weiß nicht	Summe
Gau	2004	82,6	11,2	6,1	99,9
	2016	85,6	11,1	3,4	100,0
Industrie	2004	31,4	57,1	11,4	100,0
	2016	43,8	45,4	10,8	100,0
Wald	2004	88,8	4,6	6,6	100,0
	2016	89,2	5,9	4,9	100,0
Windkraft	2004	18,0	61,5	20,4	100,0
	2016	22,1	66,4	11,4	100,0

‚nie' ab. Insgesamt lässt sich in beiden Erhebungsjahren eine deutliche Präferenz für die ‚Gaulandschaft' feststellen, in deutlichem Abstand folgt der Wald. Trotz der bereits dargestellten gesteigerten Wertschätzung der ‚Altindustrielandschaft' wünscht sich auch im Jahr 2016 nur eine Minderheit stets oder zeitweise mit Ausblick hierauf zu leben (22,6 %), deutlich weniger als der Anteil der Befragten, die immer oder zeitweilig mit Ausblick auf Windkraftanlagen leben möchten (35,1 %).

Insgesamt richten die Befragten eine zunehmende Persistenzerwartung an die als Landschaften bezeichneten Räume (Tab. 4.6). Besonders deutlich (auch auf hochsignifikantem Niveau) hat sich diese in Bezug auf die Altindustrie entwickelt. Besonders ausgeprägt ist der Wunsch nach Erhaltung bei Wald und bei der ‚Gaulandschaft'. Auch hinsichtlich der Frage, ob ein Wandel der Landschaften bedauert würde, besteht eine zunehmende Tendenz, eindeutig Stellung zu beziehen, dies gilt insbesondere (hochsignifikant) für den Blick auf die Windkraftanlagen.

Die gesteigerte Akzeptanz von altindustriellen Objekten zeigt sich auch in der Beantwortung der Frage, wie künftig mit diesen verfahren werden solle (Abb. 4.13): Eine wachsende Zahl an Befragten spricht sich für Erhalt und Umnutzung aus, die Zahl der Personen, die einen (teilweisen) Abriss fordern, sinkt. Dennoch sprechen sich auch 2016 mehr als zwei Drittel der Befragten für einen teilweisen Abriss wie auch teilweisen Erhalt aus. Allerdings erreichten diese Veränderungen nicht das Niveau der Signifikanz.

Die veränderte Sichtweise in Bezug auf die physischen Manifeste der Schwerindustrie zeigt sich in besonderer Intensität auf die Frage zum Umgang mit Bergehalden (Abb. 4.14). Der Wunsch nach vollständiger Begrünung geht hier ebenso hochsignifikant zurück wie der Anteil der Befragten steigt, die lediglich eine teilweise Begrünung favorisieren. Der Wunsch nach einem Freihalten von Vegetation wird aber auch 2016 nur von einer äußerst geringen Minderheit vertreten.

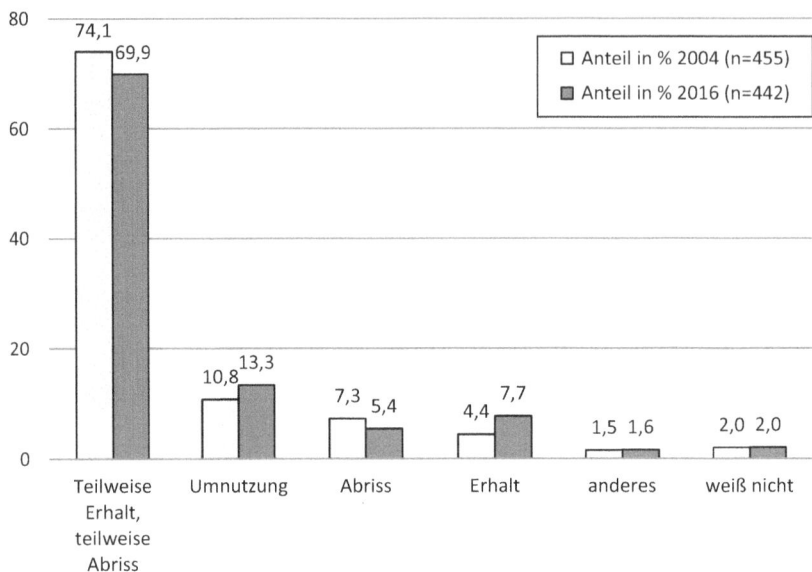

Abb. 4.13 Anteile der Antworten zu der Frage „Im Saarland wird in letzter Zeit intensiv über den Umgang mit Hüttengeländen und Fördertürmen diskutiert. Wie sollte Ihrer Meinung nach mit solchen Anlagen umgegangen werden?" an der möglichen Gesamtzahl der Nennungen pro Variable (eine Antwortmöglichkeit)

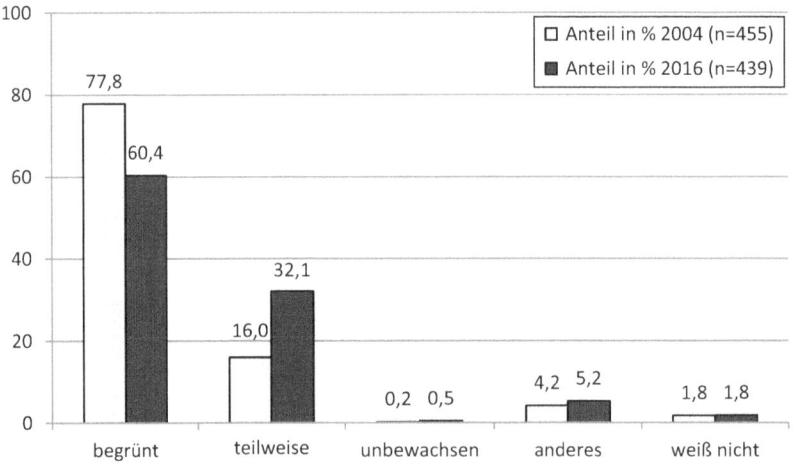

Abb. 4.14 Anteile der Antworten zu der Frage „Derzeit wird im Saarland darüber nachgedacht, wie die Bergehalden des Kohlebergbaus in 30 Jahren aussehen sollen. Wie sollen Ihrer persönlichen Meinung nach Bergehalden in 30 Jahren aussehen?" an der möglichen Gesamtzahl der Nennungen pro Variable (eine Antwortmöglichkeit)

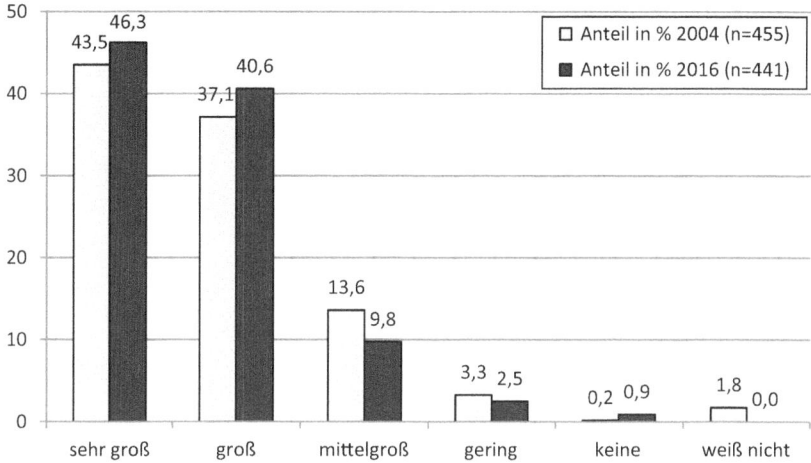

Abb. 4.15 Anteile der Antworten zu der Frage „Welche Bedeutung hat Heimat für Sie persönlich?" an der möglichen Gesamtzahl der Nennungen pro Variable (eine Antwortmöglichkeit)

Die Bedeutung von Heimat hat im Vergleich zur Befragung 2004 im Jahr 2016 noch einmal zugenommen. Auf die Frage „Fühlen Sie sich mit dem Saarland verbunden?" antworteten 2004 91,6 % der Befragten mit ‚ja', stieg der Wert 2016 auf 94,6 %, der Anteil jener, die sich nicht mit dem Saarland verbunden fühlen, sank von 4,0 % auf 3,6 %, die jeweils übrigen beantworteten die Frage mit ‚weiß nicht'. Der Anteil der Personen, für die Heimat eine große oder sehr große Bedeutung hat, stieg von 80,6 auf 86,2 % (Abb. 4.15). Dabei erreichte allerdings allein der Rückgang der Zahl der Antworten zu ‚weiß nicht' ein (hier: hoch) signifikantes Niveau.

Im Vergleich zur Frage, ob es den Befragten wichtig sei, in einer ihrer Ansicht nach ‚schönen' Landschaft zu leben (als Indikator für die Bedeutung landschaftlicher Stereotype; Abb. 4.8), in der sich eine leichte Verringerung dieser Bedeutung zeigte, findet sich eine Zunahme der Antwortanteile ‚sehr groß' und ‚groß' zu der Frage „Wie stark ist Ihre persönliche Bindung zu den Landschaften des Saarlandes?" (Abb. 4.16). Auch wenn die Veränderungen unterhalb der Signifikanzschwelle blieben, deutet das Antwortverhalten auf einen – auch an anderer Stelle konstatierten – Bedeutungsgewinn heimatlandschaftlicher Bezüge hin.

Die Bereitschaft, sich für den Erhalt der dargestellten, als Landschaft gedeuteten Räume, zu engagieren, ist zu beiden Erhebungszeitpunkten differenziert (Abb. 4.17). Dabei nimmt die Bereitschaft für ein Engagement für die ‚Gaulandschaft' wie für die ‚Waldlandschaft' erheblich (signifikant) ab. Angesichts der bisherigen Befunde in Bezug auf die Akzeptanzsteigerung der ‚Altindustrielandschaft' ist die leichte Steigerung der Engagementbereitschaft für diese ein weiteres Indiz. Die Bereitschaft zum Engagement der Erhaltung der ‚Offenlandschaft mit Windkraftanlagen' verharrt auf einem geringen Niveau.

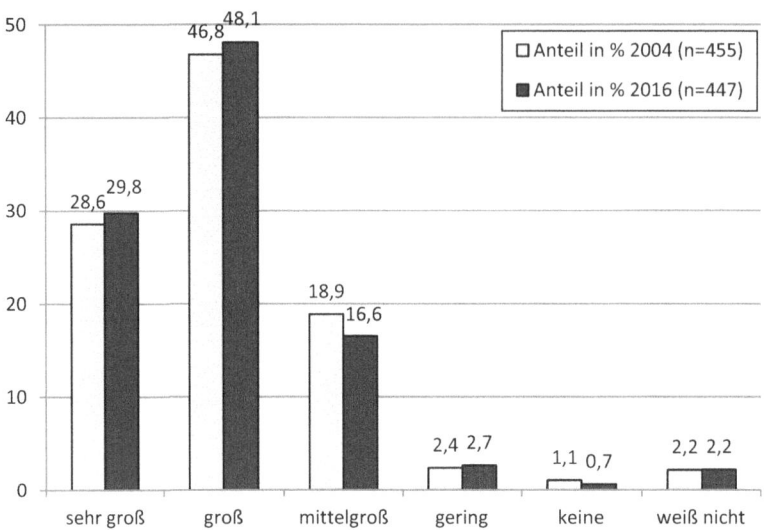

Abb. 4.16 Anteile der Antworten zu der Frage „Wie stark ist Ihre persönliche Bindung zu den Landschaften des Saarlandes?" an der möglichen Gesamtzahl der Nennungen pro Variable (eine Antwortmöglichkeit)

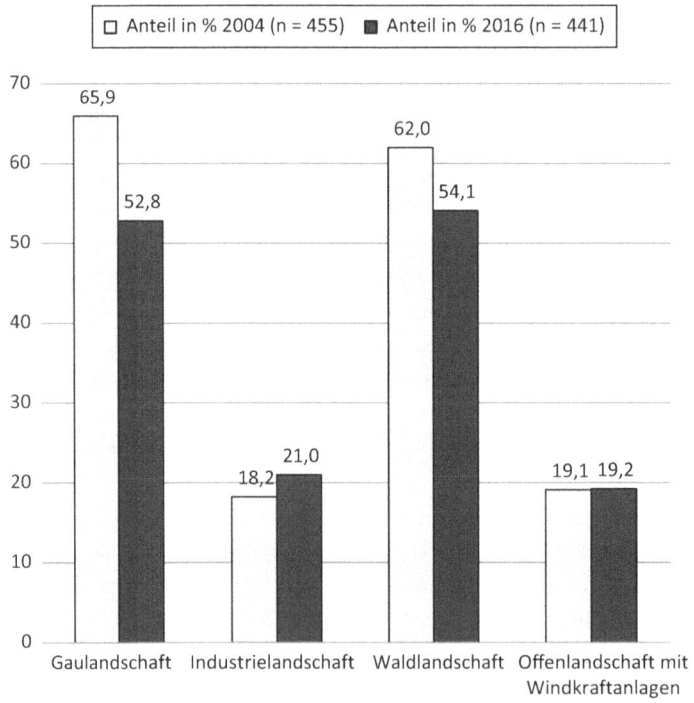

Abb. 4.17 Zustimmungsanteile zu der Frage „Wären Sie persönlich bereit, sich zu engagieren, um diese Landschaft zu erhalten?" an der möglichen Gesamtzahl der Nennungen pro Variable (eine Antwortmöglichkeit)

Insgesamt lässt hinsichtlich der abgebildeten als Landschaften konstruierten Räume eine deutliche Verschiebung zur ‚Normalisierung' feststellen: Sie werden stärker als traditionell beschrieben und werden zunehmend mit einem Gefühl der Zugehörigkeit belegt. Ästhetische Deutungen (‚hässlich' und ‚schön') und emotionale Bezugnahmen (‚Behaglichkeit'), also eher Bezugnahmen im Sinne einer ‚stereotypen' Landschaft, verlieren hingegen tendenziell an Bedeutung. Zugleich verlieren (bis auf Deutung des Waldbildes) indifferente Äußerungen an Bedeutung, positiv formuliert: Die Befragten sehen sich zunehmend in der Lage, eindeutig zu den Fotos Stellung zu beziehen. Bemerkenswert ist die gesteigerte Persistenzerwartung der Befragten an Landschaft: Unabhängig davon, ob die als Landschaften konstruierten Räume als attraktiv oder nicht eingeschätzt werden, ob die Befragten mit Ausblick darauf leben möchten oder nicht, steigt die Erwartung, dass sich der Charakter der Landschaften nicht ändern solle. Besonders deutlich wird die Veränderung der Beurteilung der physischen Manifeste des Industriezeitalters: Sie werden 2016 deutlich weniger ablehnend beurteilt als im Jahr der der ersten Erhebung 2004.

4.3   Soziodemographische Differenzierungen der Ergebnisse

Unterschiede hinsichtlich der sozialen Konstruktion von Landschaft zeigen sich nicht allein in Bezug auf die beiden Erhebungsjahre, sondern zusätzlich auch differenziert nach soziodemographischen Merkmalen. Im Folgenden wird sich dabei auf unterschiedliche Konstruktionen von Landschaft seitens der Befragten anhand der Beurteilung der Fotos (Abb. 4.12) bezogen, da einerseits hier die Differenzierungen besonders deutlich zutage treten, andererseits weil die Beurteilung besonders niederschwellig erfolgt. Darüber hinaus findet eine Auswahl der Darstellung von Daten mit weitergehendem Aussagewert statt (d. h. aufgrund der mangelnden statistischen Aussagekraft für die Betrachtung von Differenzen wurde auf eine Darstellung mit sehr geringen Anteilen verzichtet).

Hinsichtlich des Geschlechts der im Jahr 2016 Befragten lassen sich deutliche Unterschiede in der Beurteilung der abgebildeten als Landschaft gedeuteten Räume feststellen (Abb. 4.18, 4.19, 4.20 und 4.21). Im Vergleich zu der Beurteilung der übrigen Fotos weisen jene der ‚Gaulandschaft' *geringe Unterschiede* zwischen den Geschlechtern auf. Lediglich zeigen Männer eine signifikant höhere Bereitschaft, sich persönlich für die Erhaltung der physischen Grundlagen der Landschaft zu engagieren (Abb. 4.18).

Hinsichtlich der Geschlechtsvariablen lassen sich deutlichere Unterschiede in Bezug auf die Beurteilung der Industrielandschaft feststellen (Abb. 4.19). So neigen Frauen eher zu einer distanzierten Beurteilung der ‚Altindustrielandschaft' als Männer, sie halten diese signifikant häufiger für hässlich, fühlen sich ihr weniger zugehörig, möchten nicht mit einem Ausblick auf sie leben und würden deutlich weniger einen Beitrag zu ihrer Erhaltung leisten, andererseits bedauern sie es stärker als Männer, sollte eine Veränderung stattfinden. Ein ähnliches Profil zeigt sich auch in Bezug auf die ‚Waldlandschaft' (Abb. 4.20). Hier kommt eine ebenfalls – im Vergleich zu männlichen Befragten – distanziertere Position von weiblichen Befragten zum Ausdruck.

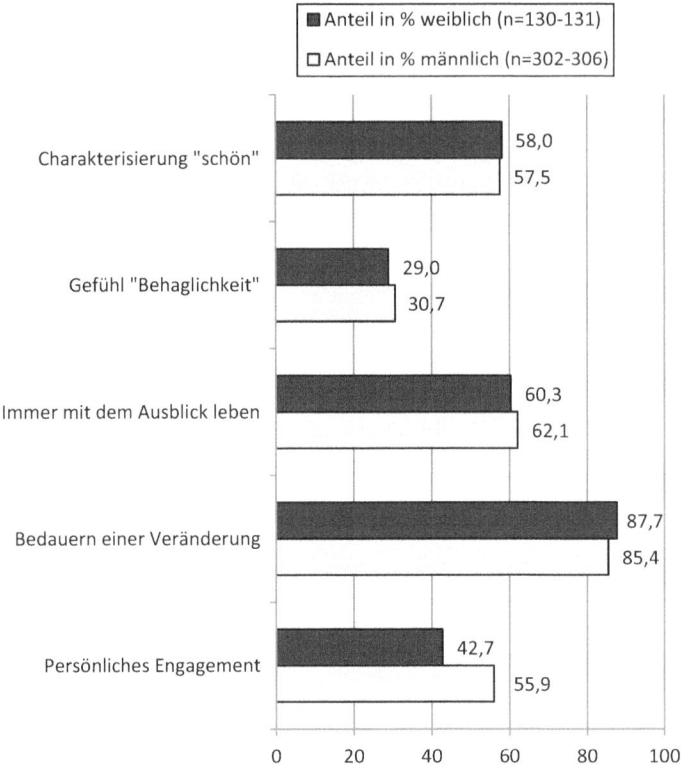

Abb. 4.18 Ausgewählte Unterschiede hinsichtlich der Beurteilung der ‚Gaulandschaft‘ (Abb. 4.12), differenziert nach Geschlecht, Befragung 2016

Ein deutlich anderes Bild ergibt sich bei der Bewertung des Fotos einer Offenlandschaft mit Windkraftanlagen (Abb. 4.21): Weibliche Befragte charakterisieren diese signifikant häufiger als ‚modern‘ und signifikant weniger häufig als ‚hässlich‘ als männliche Befragte. Auch hinsichtlich der übrigen Bezugnahmen zeigen die befragten Frauen eine deutlich weniger kritische Haltung als männliche Befragte.

Auch im Zeitverlauf zeigen sich teilweise erhebliche Veränderungen der Bezugnahmen zu den Fotos seitens weiblicher und männlicher Befragter: So sank beispielsweise das Gefühl der Behaglichkeit in Bezug zur ‚Gaulandschaft‘ bei männlichen Befragten von 47,2 % auf 30,7 %, bei weiblichen von 41,0 auf 29,0 %. Auch die Bereitschaft, sich für den Erhalt der ‚Gaulandschaft‘ zu engagieren, ging differenziert zurück, von 65,6 auf 55,9 % bei männlichen und 67,2 auf 43,7 % bei weiblichen Befragten. In Bezug auf die ‚Altindustrielandschaft‘ verringerte sich die Zuschreibung ‚hässlich‘ von 50,6 auf 34,6 % bei männlichen Befragten, während der Rückgang bei weiblichen Befragten eher gering ausfiel (von 49,3 auf 45,8 %). Die Zuschreibung von Behaglichkeit in Bezug auf die ‚Waldlandschaft‘ verringerte sich bei männlichen Befragten von 33,1 auf 23,5 %, bei

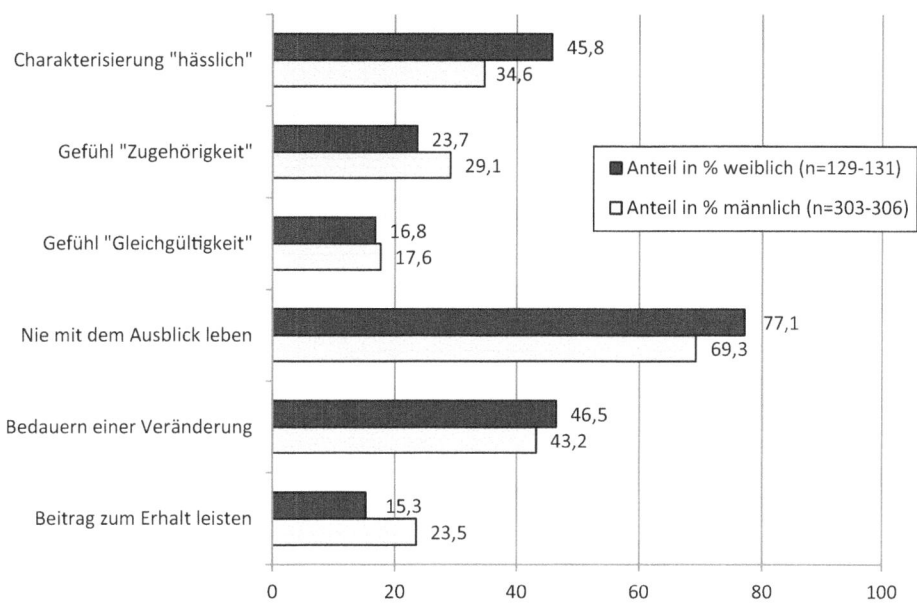

Abb. 4.19 Ausgewählte Unterschiede hinsichtlich der Beurteilung der Industrielandschaft (Abb. 4.12), differenziert nach Geschlecht, Befragung 2016

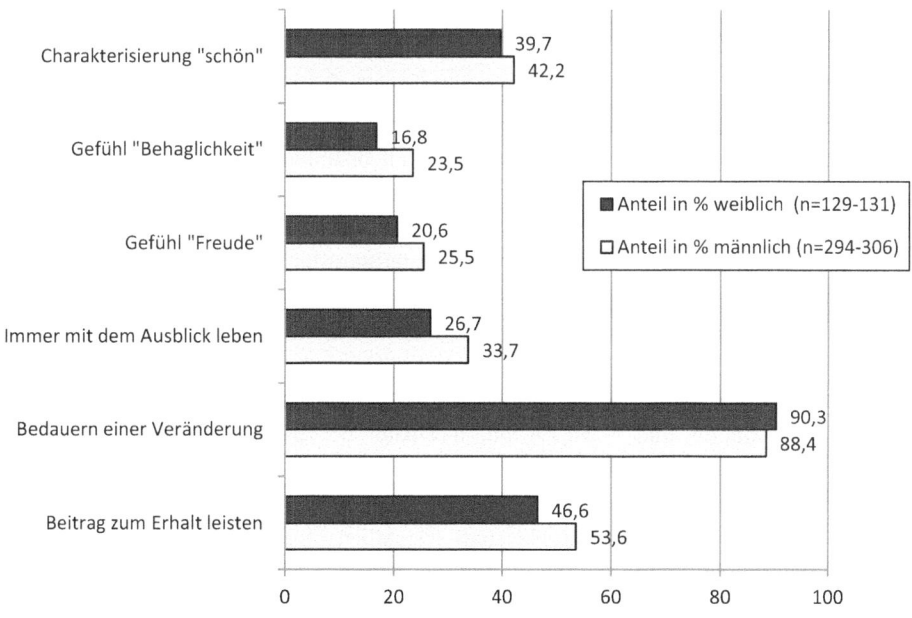

Abb. 4.20 Ausgewählte Unterschiede hinsichtlich der Beurteilung der ‚Waldlandschaft‘ (Abb. 4.12), differenziert nach Geschlecht, Befragung 2016

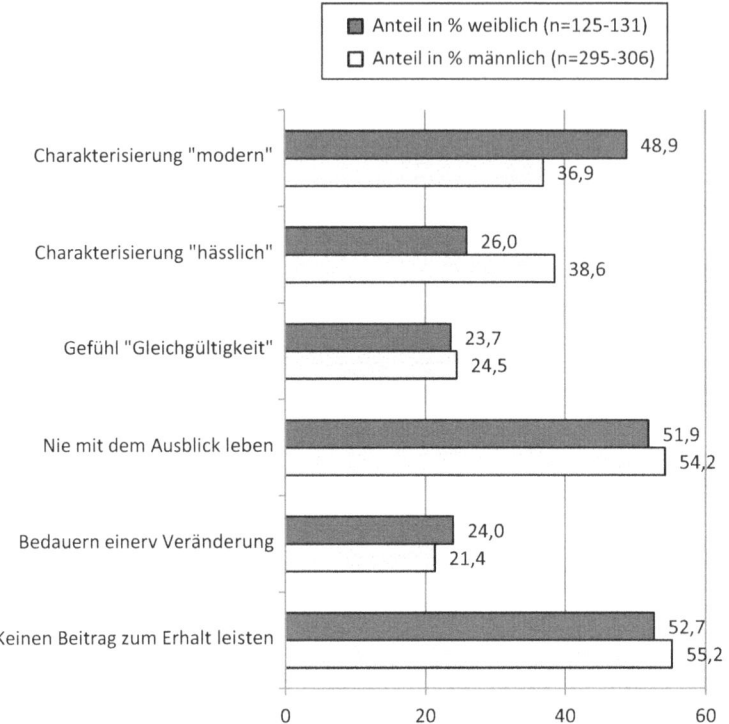

Abb. 4.21 Ausgewählte Unterschiede hinsichtlich der Beurteilung der ,Offenlandschaft mit Windkraftanlagen' (Abb. 4.12), differenziert nach Geschlecht, Befragung 2016

weiblichen Befragten halbierte sie sich von 33,6 auf 16,8 %. In Einzelfällen finden sich in Bezug auf das Geschlecht auch Entwicklungen in unterschiedliche Richtungen: So stieg der Anteil männlicher Befragter, die immer mit Ausblick auf die ,Waldlandschaft' leben wollen von 29,1 auf 33,7 %, während er bei weiblichen Befragten von 28,4, auf 26,7 % sank. In wenigen Fällen blieb die Beurteilung der präsentierten Fotos nahezu gleich: Hielten 2004 36,3 % der männlichen und 48,5 % der weiblichen Befragten das Foto der Windkraftanlagenlandschaft für modern, waren es 2016 36,9 % (Männer) und 48,9 % (Frauen).

Hinsichtlich der Konstruktion und Bewertung der dargestellten als Landschaft interpretierten Räume sind in Bezug auf das Alter der Befragten teilweise deutliche Differenzierungen feststellbar. Allgemein lässt sich eine geringere Handlungsbereitschaft der Personen mit einem Alter von 66 Jahren oder älter in Bezug auf die Erhaltung der physischen Grundlagen von Landschaft feststellen, dies betrifft die Bezugnahmen zu allen dargestellten Räumen, wie auch beide Erhebungszeitpunkte. Hinsichtlich der Beurteilung der ,Gaulandschaft' als ,schön' erfolgt zwischen den beiden Erhebungsjahren eine Angleichung der Beurteilung zwischen 54,3 (bei der Kohorte bis 30 Jahre) bis 60,5 % bei den 66-Jährigen und Älteren, während zwölf Jahre zuvor insbesondere jüngere Kohorten (die der bis 30-Jährigen sogar zu 80,5 %) diese als ‚schön' beschrieben. In Bezug auf die ‚Gaulandschaft' lassen sich in der Befragung 2016 ansonsten keine wesentlichen kohortenspezifischen Unterschiede feststellen. Hinsichtlich alterskohorten-spezifischer Veränderungen der Bezugnahme zur ‚Gaulandschaft' sind hingegen durch-aus signifikante *Veränderungen* – hier insbesondere bei der Kohorte der 66-Jährigen und Älteren – feststellbar[5]: So ist der Anteil derjenigen, die stets mit dem Ausblick auf die ‚Gaulandschaft' leben wollen, signifikant gestiegen (von 48,2 auf 51,3 %), wobei auch hier eine weitgehende Angleichung der Beurteilung der unterschiedlichen Alterskohorten stattfand. Zugleich sank das Bedauern hinsichtlich der Veränderung der Landschaft bei der Alterskohorte der 66-Jährigen oder Älteren von 83,3 auf 75,0 % hochsignifikant ab, glei-ches gilt für die bereits 2004 im Vergleich zu den übrigen Kohorten geringste Bereitschaft, sich für den Erhalt der ‚Gaulandschaft' persönlich zu engagieren, sie sank von 57,9 auf 32,9 % ab, doch auch die Bereitschaft der 46- bis 65-Jährigen sank signifikant von 66,7 auf 56,4 %.

Hinsichtlich der ‚Altindustrielandschaft' lässt sich bei allen Alterskohorten eine deut-liche Verringerung der Zuschreibung von ‚Hässlichkeit' feststellen (Abb. 4.22). Beson-ders deutlich ist dieser Rückgang bei der jüngsten Alterskohorte. In dieser stieg die Zuschreibung der Zugehörigkeit auch in besonderem Umfang an (von 9,8 auf 20,0 %), erreichte damit aber nicht die der beiden höchsten Alterskohorten. Hier lag diese Bezug-nahme bei je rund 30 % (bei den 65-Jährigen und Älteren war sie sogar signifikant angestiegen). Entsprechend sank bei allen Alterskohorten auch der Wunsch, nie mit dem Ausblick auf diese altindustriellen Objekte leben zu wollen, leicht bei der jüngsten Alterskohorte (von 80,5 auf 80,0 %) und signifikant, von 73,7 auf 65,8 % bei der ältesten Kohorte – während umgekehrt bei allen Alterskohorten das Bedauern stieg, so sich diese ‚Altindustrielandschaft' grundlegend verändern würde (bei der ältesten Kohorte wiede-rum signifikant). Zugleich sank die persönliche Handlungsbereitschaft zum Erhalt dieser Altindustrieobjekte bei sämtlichen Alterskohorten auf rund ein Fünftel. Auch wenn die-ser Rückgang besonders groß ist, ist er doch Ausdruck einer insgesamt zurückgehenden Handlungsbereitschaft (wie gezeigt, insbesondere bei der ältesten Kohorte).

Eine deutliche Differenzierung der Bezugnahme der unterschiedlichen Alterskohor-ten zeigt sich auch bei der ‚Waldlandschaft'. Insbesondere die jüngste Alterskohorte beschreibt bei der Erhebung 2016 diese als ‚schön' (zu 57,1 %), während dieser Wert bei den übrigen Kohorten bei 39,5 (bei den 65-Jährigen und Älteren) bis 41 % (bei den 31 bis 45 Jahre alten) liegt. Zugleich nimmt mit zunehmenden Alter der Wunsch ab, mit Ausblick auf die dargestellte ‚Waldlandschaft' zu leben: von 45,7 % bei der jüngsten über 33,0 und 30,0 auf 25,0 % bei der ältesten betrachteten Alterskohorte. Das Bedauern einer Veränderung der ‚Waldlandschaft' ist in allen Alterskohorten ähnlich hoch

---

[5]Dies lässt sich auch darauf zurückführen, dass der Stichprobenumfang dieser Kohorte im Vergleich besonders groß ist, so dass auch kleinere Differenzen zur Erhebung 2004 das Niveau der Signifikanz erreichen.

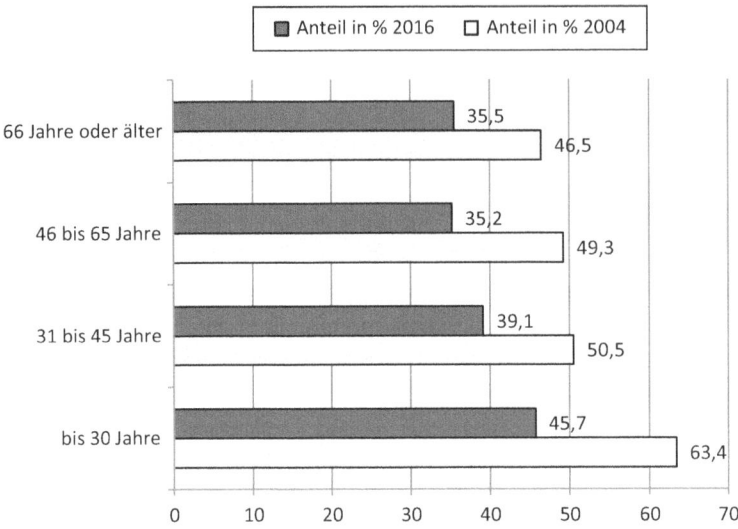

Abb. 4.22 Anteile der Befragten, differenziert nach Alterskohorten, die die ‚Altindustrieland-schaft‘ als ‚hässlich‘ einschätzten, im Vergleich der Befragungen (2004: n = 455; 2016: n = 450)

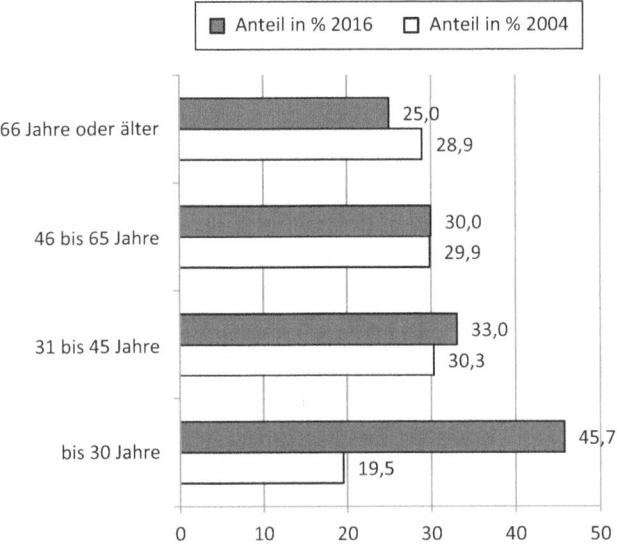

Abb. 4.23 Anteile der Befragten, differenziert nach Alterskohorten, die stets mit Ausblick auf die ‚Waldlandschaft‘ leben wollten, im Vergleich der Befragungen (2004: n = 455; 2016: n = 450)

ausgeprägt, zwischen 86,8 und 91,2 % (älteste im Vergleich zur jüngsten Kohorte). Die mit dem Alter abnehmende Bereitschaft, sich für den Erhalt des Waldes zu engagieren, wird dadurch verstärkt, dass diese zwischen den Erhebungsjahren insbesondere bei den Älteren abnahm (hoch signifikant von 53,5 auf 35,5 %). Im Vergleich der Erhebungen

2004 und 2016 ging insbesondere bei der Alterskohorte 66-Jährigen und Älteren die Zuschreibung ‚schön‘ in Bezug auf den Wald zurück, ebenso signifikant wie die Freude, die lediglich bei der jüngsten Alterskohorte von 17,1 auf 20,0 % stieg, bei den übrigen Kohorten jedoch sank. Ein vergleichbares Bild ergibt sich hinsichtlich der Frage, ob die Befragten stets mit einem Ausblick auf die ‚Waldlandschaft‘ leben wollten (Abb. 4.23). So erwies sich der Wert 2016 mehr als doppelt so hoch wie 2004, während er bei der ältesten Kohorte signifikant sank, wenngleich das Bedauern bei einer Veränderung des ‚Charakters der ‚Waldlandschaft‘‘ in der ältesten Kohorte hochsignifikant stieg, während er bei den übrigen Kohorten sank.

Auch die Beurteilung der ‚Offenlandschaft mir Windkraftanlagen‘ zeigt hinsichtlich der Bezugnahme unterschiedlicher Kohorten bei der Befragung 2016 teilweise deutliche Muster (Abb. 4.24). Dies gilt insbesondere für die Zuschreibung von ‚Modernität‘, die mit zunehmendem Alter abnimmt, während insbesondere die jüngste Alterskohorte nur zu einem Fünftel diese als ‚hässlich‘ empfindet, die übrigen Alterskohorten liegen deutlich darüber. Die beiden jüngeren Alterskohorten weisen eine Tendenz auf, einer Veränderung zu bedauern. Ansonsten lassen sich keine Differenzierungen feststellen.

In Bezug auf die ‚Modernität‘ der ‚Offenlandschaft mit Windkraftanalagen‘ zeigen sich dabei im Vergleich zwischen den Erhebungsjahren 2004 und 2016 deutliche Tendenzen der Polarisierung (Abb. 4.25): Stieg diese Polarisierung bei den Alterskohorten bis einschließlich 65 Jahren jeweils an, ging diese bei der ältesten signifikant zurück. Dabei vollzieht sich auch bei den jüngeren Alterskohorten eine Polarisierung, denn sowohl neben der Zuschreibung ‚modern‘ stiegt auch die Zuschreibung ‚hässlich‘ an, von 14,6 auf 20,0 %. Bei den 31- bis 45-Jährigen stieg sie von 23,2 auf 29,6 %, während sie bei den beiden älteren Kohorten jeweils leicht um 1,9 Prozentpunkte bei den 46- bis 65-Jährigen auf 39,2 % und der ältesten Kohorte um 0,9 Prozentpunkte auf 34,2 Prozentpunkte sank. Hinsichtlich des Bedauerns, wenn die ‚Offenlandschaft mit Windkraftanlagen ihren Charakter‘ ändern würde, sank dieses bei der ältesten Kohorte hochsignifikant, während bei den übrigen Kohorten dieses Bedauern anstieg, wenn auch auf einem insgesamt niedrigen Niveau (siehe Abb. 4.24).

Sehr deutliche Unterschiede hinsichtlich der Bezugnahme auf die als Landschaften verstandenen abgebildeten Räume zeigen sich auch im Hinblick auf die Strukturraumzugehörigkeit des Wohnortes der Befragten. Das ästhetische Urteil ‚schön‘ in Bezug auf die ‚Gaulandschaft‘ ist dabei stärker bei Bewohnern der Kernzone des Verdichtungsraumes verbreitet als in der Randzone oder dem ländlichen Raum, während ‚Behaglichkeit‘ primär Bewohner der Randzone empfinden, die sich auch persönlich (signifikant) stärker engagieren würden, um die ‚Gaulandschaft‘ zu erhalten (Abb. 4.26). Dagegen präferieren insbesondere Bewohner des ländlichen Raumes ein Leben mit ‚Ausblick‘ (hochsignifikant) auf die ‚Gaulandschaft‘, während das ‚Bedauern einer Veränderung‘ bei den Bewohnern der unterschiedlichen Strukturräume in ähnlicher Weise ausgeprägt ist.

Im Vergleich der Ergebnisse der Erhebungsjahre 2004 und 2016 zeigt sich ein deutlicher Rückgang der ästhetischen Zuschreibung ‚schön‘ zu der ‚Gaulandschaft‘ insbesondere bei den Bewohnern der Randzone des Verdichtungsraumes

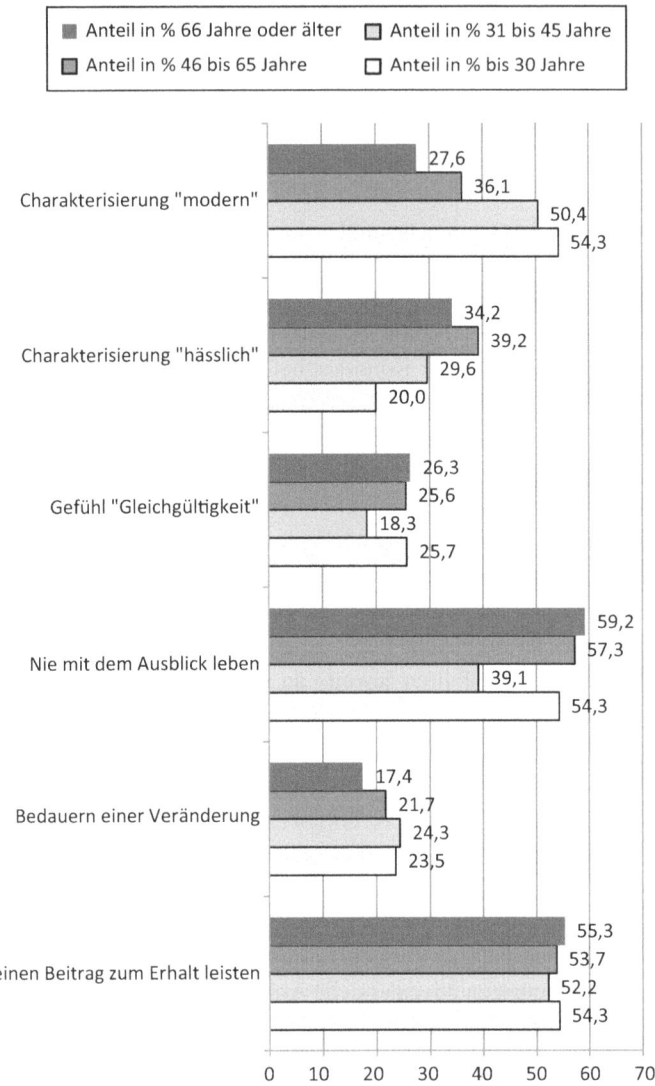

Abb. 4.24 Ausgewählte Unterschiede hinsichtlich der Beurteilung der ‚Offenlandschaft mit Windkraftanlagen' (Abb. 4.12), differenziert nach Alter, Befragung 2016

(um 16,9 Prozentpunkte), während bei den Bewohnern der Kernzone des Verdichtungs-raumes wie auch den Bewohnern des Ländlichen Raumes der Rückgang mit jeweils etwas über sechs Prozentpunkten geringer ausfiel. Der Rückgang des Gefühls der ‚Behaglich-keit' war insbesondere bei den Bewohnern des Ländlichen Raumes wie der Kernzone des Verdichtungsraumes deutlicher ausgeprägt (15,0 und 18,1 Prozentpunkte), weniger deutlich bei den Bewohnern der Randzone des Verdichtungsraumes (7,5 Prozentpunkte). Der Wunsch mit Ausblick auf die ‚Gaulandschaft' zu leben, hat sich bei den Befragten

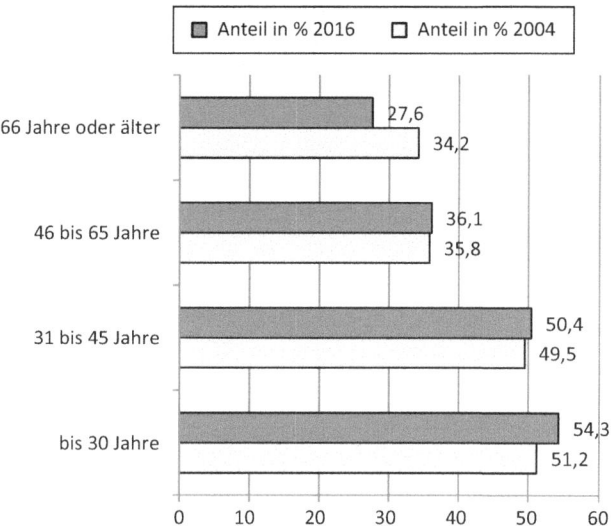

Abb. 4.25 Anteile der Befragten, differenziert nach Alterskohorten, die der ‚Offenlandschaft mit Windkraftanlagen‘ ‚Modernität‘ zuschrieben, im Vergleich der Befragungen 2004 und 2016

mit Wohnort in der Kernzone des Verdichtungsraumes im Betrachtungszeitraum von 51,4 auf 58,1 %, in der Randzone um 1,0 Prozentpunkt auf 54,9 % und des Ländlichen Raumes hochsignifikant von 55,7 auf 74,4 % gesteigert. Der in Abb. 4.26 deutlich werdende allgemeine Wunsch, die dargestellte ‚Gaulandschaft‘ möge ihren ‚Charakter‘ nicht ändern, ist das Ergebnis eines Angleichungsprozesses, der durch die konstante Einschätzung in der Randzone des Verdichtungsraumes bei gleichzeitiger Zunahme der Präferenz in der Kernzone (5,3 Prozentpunkte) und im Ländlichen Raum (signifikanten 5,5 %) entstand. Dem Wunsch, mit Ausblick auf die ‚Gaulandschaft‘ zu leben, steht die sich in allen Strukturräumen verringernde Bereitschaft entgegen, sich für deren Erhaltung persönlich einzusetzen, wobei dieser Rückgang insbesondere die Befragten aus der Kernzone und des Ländlichen Raumes (signifikant) betrifft.

Noch deutlicher als bei der Beurteilung der ‚Gaulandschaft‘ fallen die Strukturraumunterschiede hinsichtlich der Bezugnahme zur ‚Altindustrielandschaft‘ seitens der Befragten in Bezug auf die Befragung 2016 aus (Abb. 4.27): Das ästhetische Urteil ‚hässlich‘ nimmt von der Kernzone des Verdichtungsraum zum Ländlichen Raum (hier signifikant) wie auch das der ‚Gleichgültigkeit‘ und des Wunsches, ‚nie mit dem Ausblick‘ darauf leben zu wollen, zu (die Unterschiede gestalten sich für die Kernzone und den Ländlichen Raum jeweils signifikant). Das Gefühl der ‚Zugehörigkeit‘ nimmt hingegen ab (Unterschied beim Ländlichen Raum: signifikant), wie auch die Bereitschaft, ‚einen Beitrag zum Erhalt‘ leisten zu wollen (signifikanter Unterschied beim Ländlichen Raum). Lediglich bei dem ‚Bedauern einer Veränderung des Charakters‘ wird dieses Muster durchbrochen: Hier erreichen die Befragten der Randzone des Verdichtungsraumes die höchsten Werte.

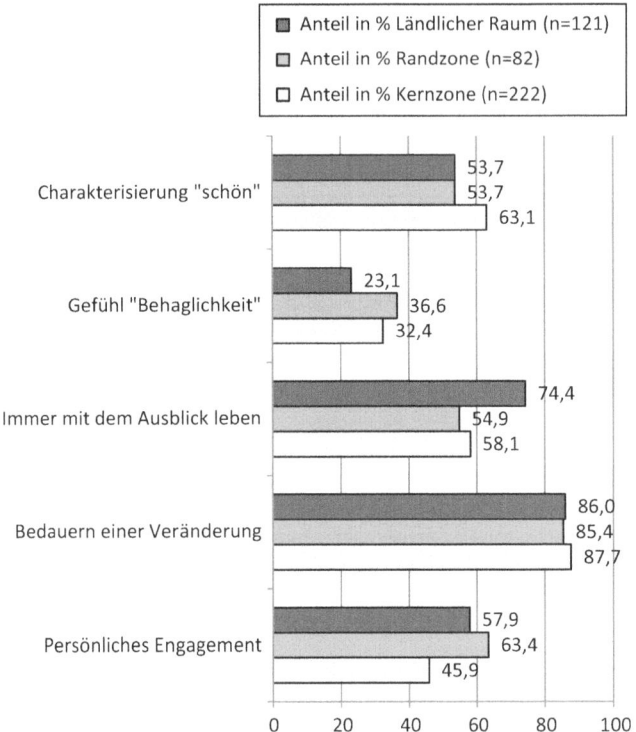

Abb. 4.26 Ausgewählte Unterschiede hinsichtlich der Beurteilung der ‚Gaulandschaft‘ (Abb. 4.12), differenziert nach Strukturraumzugehörigkeit des Wohnortes der Befragten, Befragung 2016

Im Vergleich der Befragungen von 2004 und 2016, gegliedert nach den Ergebnissen in den unterschiedlichen Strukturräumen, findet sich eine größere Verringerung der ästhetischen Zuschreibung ‚hässlich‘ seitens der Befragten mit Wohnort in der Kern- und der Randzone des Verdichtungsraumes (jeweils knapp 15 Prozentpunkte), während die Persistenz der Zuschreibung ‚hässlich‘ in Ländlichen Räumen deutlich größer ist. Hier verringert sich die Zuschreibung um lediglich 11,5 Prozentpunkte. Zugleich steigt das Gefühl der ‚Zugehörigkeit‘ bei Bewohnern der Kern- und Randzone des Verdichtungsraumes deutlich (um 6,6 bzw. 10,6 Prozentpunkte an), während sie bei Befragten mit Wohnsitz im Ländlichen Raum gleich bleibt. Ein vergleichbares Muster findet sich bei dem Gefühl der ‚Gleichgültigkeit‘. Dieses verringert sich leicht in Bezug auf die Bewohner der Kernzone (1,6 Prozentpunkte) sowie deutlicher bei denen der Randzone des Verdichtungsraumes (5,2 Prozentpunkte), während ‚Gleichgültigkeit‘ bei Befragten aus dem Ländlichen Raum in ähnlichem Umfang (4,8 Prozentpunkte) wächst. Auch die Verringerung des Anteils der Befragten, die nie mit Ausblick auf die ‚Industrielandschaft‘ leben wollen, schrumpft am deutlichsten bei den Bewohnern der Randzone des Verdichtungsraumes (um 11,8 Prozentpunkte), während er bei den Befragten der Kernzone sich nur

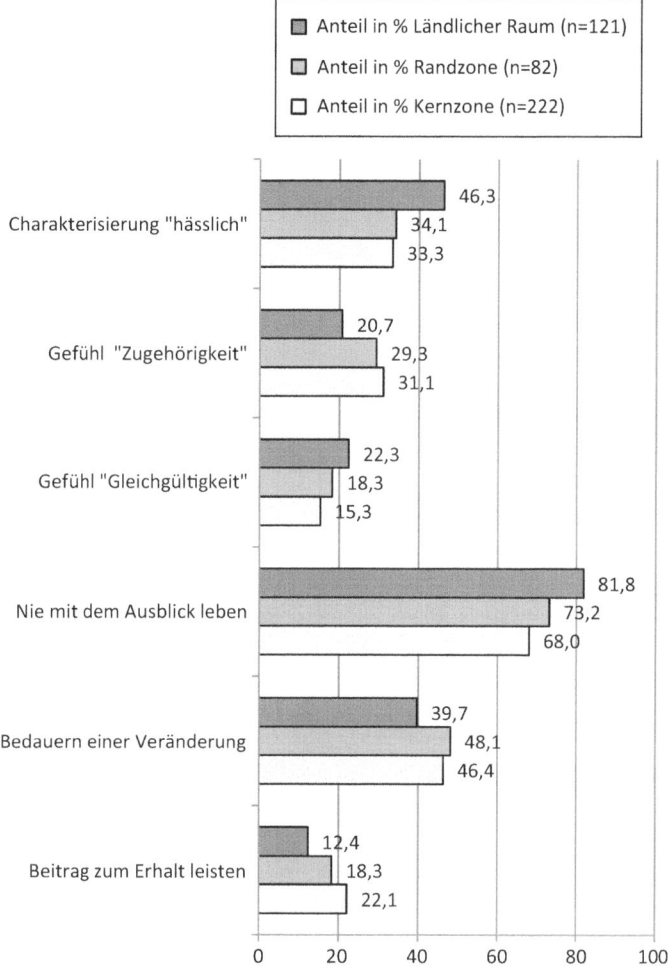

Abb. 4.27 Ausgewählte Unterschiede hinsichtlich der Beurteilung der ‚Altindustrieland-schaft' (Abb. 4.12), differenziert nach Strukturraumzugehörigkeit des Wohnortes der Befragten, Befragung 2016

leicht verringert (um knapp einen Prozentpunkt), wobei die Befragten mit Wohnort im Ländlichen Raum mit knapp fünf Prozent einen mittleren Wert einnehmen. Das Bedauern, wenn die ‚Altindustrielandschaft ihren Charakter änderte', vergrößert sich wiederum am deutlichsten bei den Befragten aus der Randzone des Verdichtungsraumes, gefolgt von der Kernzone des Verdichtungsraumes und des Ländlichen Raumes (19,7, 14,6 und 6,7 Prozentpunkte). Entgegen dem Trend, der Verringerung der Bereitschaft, sich persönlich für den Erhalt von als Landschaft gedeuteten Räumen persönlich einzusetzen, äußern die Befragten aus der Randzone des Verdichtungsraumes 2016 eine um 4,8 Prozentpunkte erhöhte Bereitschaft hierzu.

Hinsichtlich der Bezugnahme zur ‚Waldlandschaft' lassen sich bezüglich der Strukturraumzugehörigkeit des Wohnortes für die Befragten des Jahres 2016 eine geringe Musterhaftigkeit zuordnen (Abb. 4.28). Lediglich das Gefühl der ‚Freude' steigt mit zunehmender Verdichtung, wie der Wunsch ‚immer mit dem Ausblick' darauf leben zu wollen (signifikante Unterschiede hier für Kernzone und Ländlichen Raum). Ansonsten findet sich lediglich in Bezug auf ein etwas geringeres Bedauern einer Veränderung des ‚Charakters' der ‚Waldlandschaft' ein, im Vergleich zu den übrigen, etwas verringerter Wert. Dies ist eine Folge der – im Vergleich zu der Befragung 2004 – deutlichen Angleichung der Bewertung der ‚Waldlandschaft' seitens der Bewohner der unterschiedlichen Strukturräume: So verringerte sich die Zuschreibung

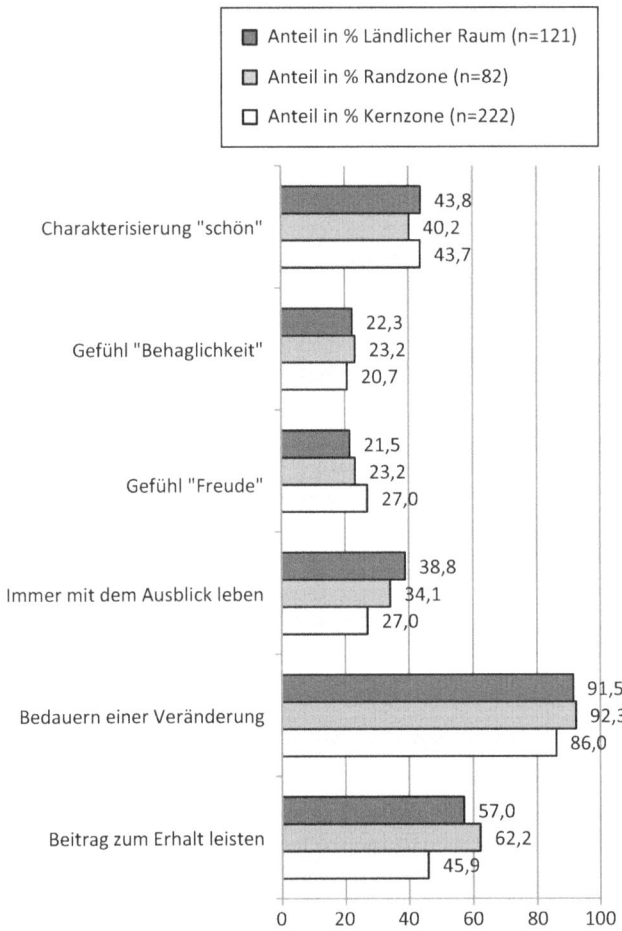

Abb. 4.28 Ausgewählte Unterschiede hinsichtlich der Beurteilung der ‚Waldlandschaft' (Abb. 4.12), differenziert nach Strukturraumzugehörigkeit des Wohnortes der Befragten, Befragung 2016

‚schön' in der Kernzone um 20,2, in der Randzone des Verdichtungsraumes um 7,8 und
Ländlichen Raum um 11,9 Prozentpunkte – eine Tendenz, die sich weniger in Bezug
auf ‚Behaglichkeit' (in gleicher Reihenfolge: −13,0, −8,2 und −11,7 Prozentpunkte)
als deutlicher hinsichtlich des Gefühls der ‚Freude' (−5,9, 0,6 und −9,4 Prozentpunkte) zeigte. Lediglich der Wunsch, ‚immer mit Ausblick' auf die ‚Waldlandschaft'
leben zu wollen, hat sich deutlich ausdifferenziert (−3,1, 7,7 und 12,0 Prozentpunkte).
Während der Wunsch nach Erhaltung der ‚Waldlandschaft' zu beiden Befragungszeit-
punkten in etwa gleich blieb, hat sich die geäußerte Bereitschaft, sich für den ‚Erhalt'
zu engagieren zwischen den Erhebungsjahren erheblich verändert: In der Kernzone des
Verdichtungsraumes verringerte sie sich um 19,1 Prozentpunkte, im Ländlichen Raum
(signifikant) um 2,8 Prozentpunkte, während sie sich in der Randzone um 4,4 Prozentpunkte erhöhte, verbunden mit dem Ergebnis, dass in Bezug auf die Befragung 2016
sowohl für die Kernzone des Verdichtungsraumes als auch für dessen Randzone signifikante Unterschiede zum Ländlichen Raum zu finden sind.

Hinsichtlich der ‚Offenlandschaft' mit Windkraftanlagen zeigen sich sowohl in
Bezug auf die Ergebnisse der Befragung von 2016 als auch im Vergleich zur Befragung
von 2004 einige bemerkenswerte Differenzen. Bezüglich der Befragung von 2016 wird
die ‚Offenlandschaft mit Windkraftanlagen' durch die Befragten mit Wohnort in den
unterschiedlichen Strukturräumen weitgehend einheitlich als ‚modern' beurteilt (etwas
ausgeprägter durch die Bewohner der Randzone des Verdichtungsraumes; Abb. 4.29).
Im Vergleich zu den Bewohnern der Randzone des Verdichtungsraumes und des Ländlichen Raumes charakterisieren die Bewohner der Kernzone des Verdichtungsraumes die
‚Offenlandschaft mit Windkraftanlagen' häufiger als ‚hässlich', stehen ihr mit größerer
‚Gleichgültigkeit' gegenüber, würden eine ‚Charakteränderung' weniger häufig bedauern (hier ist die negative Abweichung des Ländlichen Raumes signifikant), ‚nie mit
einem Ausblick' darauf zu leben wie auch einen ‚Beitrag zum Erhalt' verweigern. Kurz
gesprochen: Sie stehen ihr kritischer gegenüber als die Befragten aus den übrigen Strukturräumen. Diese kritische Haltung hat sich erst in den vergangenen Jahren heraus-
gebildet: In geringerem Maße hinsichtlich der Zuschreibung von Modernität, die sich
(wie im Ländlichen Raum) um 0,5 Prozentpunkte verringerte, während sie in der Randzone um 2,5 Prozentpunkte stieg, in stärkerem Maße hinsichtlich der übrigen Bezugnahmen: Die Zuschreibung ‚hässlich' stieg um 4,1 Prozentpunkte, in der Randzone und dem
Ländlichen Raum jedoch lediglich um 0,4 und 0,1 Prozentpunkte. In Bezug auf ‚Gleichgültigkeit' findet sich der höchste Wert nun, weil dieser lediglich um 7,3 Prozentpunkte
sank, in der Kernzone. In der Randzone fand ein deutlicherer Rückgang um 15,8 statt, im
Ländlichen Raum – von deutlich niedrigem Ausgangswert um 3,3 Prozentpunkte, wodurch
nun der höchste Grad an Gleichgültigkeit der ‚Offenlandschaft mit Windkraftanlagen'
nicht mehr von den Bewohnern der Randzone, sondern von den Bewohnern der Kernzone
des Verdichtungsraumes entgegengebracht wird. Die nun deutlicheren Unterschiede der
Werte hinsichtlich des Wunsches, nie mit Aussicht auf die ‚Offenlandschaft mit Windkraftanlagen' zu leben, liegt in der geringen Abnahme von 3,3 Prozentpunkten bei den Bewohnern der Kernzone gegenüber einer Abnahme von 5,2 Prozentpunkten in der Randzone

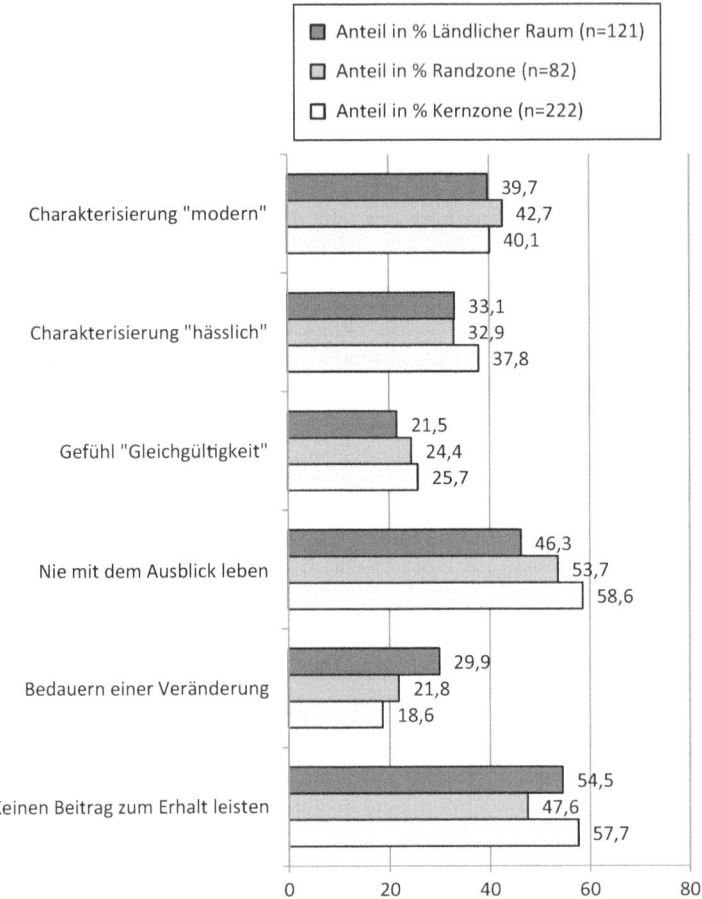

Abb. 4.29 Ausgewählte Unterschiede hinsichtlich der Beurteilung der ‚Offenlandschaft mit Windkraftanlagen' (Abb. 4.12), differenziert nach Strukturraumzugehörigkeit des Wohnortes der Befragten, Befragung 2016

und einer ebensolchen von 8,4 Prozentpunkten im Ländlichen Raum begründet. Noch deutlicher sind die strukturraumspezifischen Veränderungen in Bezug auf die Aussage des ‚Bedauerns, wenn die ‚Offenlandschaft mit Windkraftanlagen' ihren Charakter ändern würde': Dieses nahm in der Kernzone um 0,1, in der Randzone um 6,1 und im Ländlichen Raum um 10,3 Prozentpunkte zu. Auch stieg der Anteil jener in der Kernzone des Verdichtungsraumes um 3,4 Prozentpunkte, die keinen Beitrag zum Erhalt der ‚Offenlandschaft mit Windkraftanlagen' leisten wollen, während er bei Befragten mit Wohnort in der Randzone um 13,2 und des Ländlichen Raumes um 1,1 Prozentpunkte sank.

Insgesamt können hinsichtlich der Bezugnahme zu den dargestellten Fotos teilweise deutliche Unterschiede vor dem Hintergrund von Geschlecht, Alter und Strukturraumzugehörigkeit des Wohnortes festgestellt werden. Dabei lässt sich im Betrachtungszeitraum eine Steigerung des Wunsches, mit Ausblick auf eine präferierte Landschaft zu leben, feststellen, wobei dieser Wunsch nicht mit der Bereitschaft einhergeht, sich für den Erhalt der physischen Grundlagen von Landschaft zu engagieren. Diese Bereitschaft zu Engagement betrifft insbesondere die höheren Alterskohorten. Diese Passivierung der Grundhaltung darf jedoch nicht darüber hinwegtäuschen, dass bei konkreten, intensiven Modifikationen der physischen Grundlagen von Landschaft insbesondere die ältere Generation (auch aufgrund eines höheren Zeitbudgets und der Suche nach sozialer Anerkennung nach Ausscheiden aus dem Berufsleben; siehe Walter et al. 2013; Weber et al. 2016) eine erhöhte Handlungsbereitschaft aufweist.

Ein vordergründiger Widerspruch hinsichtlich der Beurteilung der ‚Offenlandschaft mit Windkraftanlagen' besteht darin, dass die Befragten mit Wohnsitz in der Kernzone des Verdichtungsraumes diese kritischer beurteilen als die Befragten der Randzone, insbesondere aber des Ländlichen Raumes, obwohl der Ausbau von Windkraft insbesondere in Ländlichen Räumen vollzogen wird. Auflösbar wird dieser scheinbare Widerspruch dadurch, dass Bewohner der Kernzone des Verdichtungsraumes die ‚Offenlandschaft mit Windkraftanlagen' unter dem Betrachtungsmodus der stereotypen Landschaft beurteilen, wähen in weiten Teilen des Ländlichen Raumes Windkraftanlagen bereits zur landschaftlichen Normalität zählen. Dies hat auch zur Konsequenz, dass die ‚Offenlandschaft mit Windkraftanlagen' zunehmend polarisiert.

Eine andere Änderung der Bezugnahme weist die ‚Altindustrielandschaft' auf, die insbesondere von Älteren zunehmend geschätzt wird. Insbesondere anhand der ‚Altindustrielandschaft' wird der Prozess der ‚Normalisierung' von Landschaft deutlich. Insbesondere bei Befragten des Verdichtungsraumes erfährt sie eine zunehmende Wertschätzung. Altindustrielle Objekte werden nicht allein zum Teil ‚heimatlicher Normallandschaft', sie werden auch mit Bedeutung aufgeladen und so zum Teil ‚stereotyper Landschaft'. Diese ‚Normalisierung' und ‚Steigerung' der Wertschätzung vollzieht sich neben den Bewohnern der Kernzone des Verdichtungsraumes, insbesondere bei Bewohnern der Randzone.

Wald hat insgesamt einen Popularitätsverlust erfahren. Eine Ausnahme bilden hier die jüngste betrachtete Kohorte, die höhere Präferenzwerte für die ‚Waldlandschaft' aufweist.

Fazit, Konsequenzen zum Umgang mit Landschaft und weitere Forschungsbedarfe

5

In der vorliegenden Studie wurde sich aus sozialkonstruktivistischer Perspektive mit der Frage der Variabilität landschaftlicher Konstruktionen, Deutungen und Zuschreibungen befasst. Ein besonderer Fokus lag dabei auf der Frage, ob und inwiefern sich im Zeitverlauf solche Prozesse verändern. Hierzu wurde die 2004 im Saarland durchgeführte Studie (Kühne 2006) im Sommer 2016 bei gleichbleibender Methodik wiederholt.

Allgemein lässt sich eine deutliche Persistenz stereotyper Landschaft auch empirisch nachweisen. Die Elemente, die einer Landschaft zugeschrieben werden, sind über den Vergleichszeitraum weitgehend gleich geblieben. Werden jedoch von als Landschaften deutbare Fotos vorgelegt, zeigen sich sehr deutliche Veränderungen der Konstruktion und (Be-)Wertung von diesen. Hier zeigt sich die deutlich höhere Variabilität (individueller) heimatlicher Normallandschaft im Vergleich zur gesellschaftlich geprägten stereotypen Landschaft. Insgesamt lässt sich auch ein Bedeutungsgewinn der Normalisierung gegenüber stereotypen Landschaftsvorstellungen feststellen. Dies leitet sich unter anderem aus der gesteigerten Bedeutung heimatlicher Bindungen an saarländische ‚Landschaften‘ ab, bei gleichzeitiger Verringerung der Bedeutung in der Nähe ‚schöner Landschaften‘ zu wohnen, und zeigt sich zudem im Bedeutungsgewinn ‚vernakulärer Landschaften‘ (also alltäglicher Landschaften; Jackson 2005 [1990]), insbesondere in Bezug auf Zugehörigkeit, die sich von stereotypen Landschaftsvorstellungen deutlich unterscheiden.

Der Rückgang der stereotypen Bedeutung von Landschaft im Vergleich zur heimatlandschaftlichen geht mit einem Bedeutungszuwachs des Themas ‚Landschaft‘ in konfliktären Situationen, wie bei der Errichtung physischer Objekte zur Gewinnung und Verteilung regenerativ gewonnener Energie (siehe z. B. Gailing und Leibenath 2010; Kühne und Weber 2017b; Weber et al. 2016; Weber und Kühne 2016), einher. Der Steigerung des Wunsches, mit Ausblick auf präferierte Landschaft zu leben, steht eine sich teilweise drastisch verringernde Bereitschaft, sich persönlich in die Erhaltung der physischen Grundlagen der präferierten ‚Landschaft‘ einzubringen gegenüber, solange diese

© Springer Fachmedien Wiesbaden GmbH 2018
O. Kühne, *Landschaft und Wandel*, RaumFragen: Stadt – Region – Landschaft,
DOI 10.1007/978-3-658-18534-3_5

Erhaltung nicht durch drastische Veränderungen der physischen Grundlagen ‚gefährdet‘ scheint. Wird eine solche ‚Gefährdung‘ manifest, steigt die Bereitschaft, sich in konkreten Situationen zu engagieren, konkret an (vgl. Walter et al. 2013; Weber et al. 2016). Diese Handlungsbereitschaft in konkreten Situationen ist auch im Kontext einer im Betrachtungszeitraum gesteigerten Persistenzerwartung an die physischen Grundlagen von Landschaft zu sehen. Landschaft gilt zunehmend als Raum der Stabilität in einer sich rasch wandelnden Welt (mehr dazu Burckhardt 2006; Kühne 2006, 2008b).

Die Hinwendung zu Landschaft weist zudem im Untersuchungszeitraum ein Erstarken abstrakter und persönlicher Bezugnahmen auf. Konkrete Elemente der Grundlage der Konstruktion von Landschaft verlieren an Bedeutung. Dies kann im Kontext der gestiegenen Bedeutung medialer Konstruktionen gesehen werden. Insbesondere das Internet hat einen immer stärkeren Einfluss auf die soziale und individuelle Konstruktion von Landschaft. Dabei ist die mediale Konstruktion jedoch weniger stark systematisiert, sie erfolgt individuell durch das Internet, und ist entsprechend weniger gesteuert, etwa durch das Expertenmedium Schulbuch.

Im Beobachtungszeitraum lässt sich die Tendenz erkennen, Leben und lebensähnliche Prozesse zu schätzen, eine Tendenz, die Wilson (1984) als ‚Biophilie‘ charakterisiert (auch wenn hier der evolutionistischen Begründung Wilsons nicht gefolgt wird, diese Präferenz sei in der Frühzeit der Menschheit des Lebens in savannenartigen Landschaften geschuldet; mehr zu diesen Thesen siehe z. B. bei Bourassa 1991; Kühne 2013). Allerdings muss diese These hinsichtlich heimatlandschaftlicher Bezüge ergänzt werden: Während bezüglich stereotyper Deutungen eine starke Präferenz für (primär pflanzlichen) Lebens erkennbar ist, zeigt sich hinsichtlich heimatlandschaftlicher Bindungen ein primärer Bezug zur Vertrautheit. Diese kann dann auch gemeinhin als lebensfern beschriebene Objekte (sogar Altindustrieanlagen und Windkraftanlagen) einschließen.

Die geringere Bereitschaft der Befragten, Angaben zu soziodemographischen Daten zu machen und offene Fragen zu beantworten, erschwert die wissenschaftliche Befassung mit dem Themenfeld und macht teilweise eine differenzierte Auswertung unmöglich (wie z. B. zum Haushaltseinkommen).

Die vorliegende Arbeit zeigt, dass zu den kulturellen, sozialen und generationellen Unterschieden der sozialen Konstruktion von Räumen zu Landschaften auch eine erhebliche Veränderung der Konstruktion wie auch Bewertung derselben im Lauf der Zeit – hier lediglich innerhalb von einem Dutzend Jahren – tritt. Dieser Befund lässt an der Sinnhaftigkeit allgemeiner Bewertungsverfahren landschaftlicher ‚Schönheit‘, ‚Attraktivität‘ oder ‚Präferenzen‘ zweifeln. Damit steht die räumliche Planung, insbesondere die Landschaftsplanung, in besonderer Weise vor dem Problem, dass jenes, was den Bewohnern wie auch den Gästen einer Region an ‚Landschaft‘ wesentlich ist, nämlich die Zuschreibung von positiv gewerteten ästhetischen ‚Qualitäten‘, weder automatisiert durch GIS-Analyse der physischen Strukturen erfassbar noch als allgemeiner gesellschaftlicher Konsens oder als eine langfristige Stabilität der Deutungen und Wertungen angenommen werden kann. Dies betrifft auch jene als Landschaft konstruierten physischen Räume, die stereotypen Vorstellungen von Landschaft sehr

nahekommen (wie der ‚Waldlandschaft' und der ‚Gaulandschaft'). Die Stabilitäts- und
Konsenserwartung gesellschaftslandschaftlicher Vorstellungen, wie sie üblicherweise
in der planungsorientierten Literatur verbreitet ist (siehe Augenstein 2002; Roth 2006,
2012), entspringt dabei einerseits dem Wunsch nach planerischer Operationalisierbarkeit des gesellschaftlich hochrelevanten, aber stark komplexen Themenfeldes, andererseits einer – dem Wunsch nach Komplexitätsminderung geschuldeten – Nutzung
von Sammelvariablen, wie der undifferenzierten Frage nach ‚Präferenz' in quantitativen Erhebungen. Ergebnis einer solchen (auch empirischen) Befassung ist neben einer
Entdifferenzierung komplexer Konstruktionsmechanismen von Landschaft eine starke
Fokussierung auf stereotype Vorstellungen, die so weit geht, dass die Erhebungsme-
thode (insbesondere die Stichprobenauswahl) so gewählt wird, dass das Ergebnis der
Befragung der spezifischen *déformation professionelle* (siehe hierzu Abschn. 3.4) des
Experten entspricht (wie bei Nohl 2015, der Aussagen zur gesellschaftlichen Landschaft aus Befragungen der eigenen Studierenden ableitet). Die Konsequenz daraus ist,
dass letztlich stets eine empirische Einzelfallanalyse vorgenommen werden muss, will
sich räumliche Planung bzw. insbesondere die Landschaftsplanung nicht ihrerseits der
gesellschaftlichen Relevanz berauben, mehr noch: ihre gesellschaftliche Legitimation
in Gefahr bringen.

Neben dieser Konsequenz für den planerischen Umgang mit als Landschaft gedeu-
tetem Raum lässt sich auch eine wissenschaftliche Konsequenz formulieren: Die wissenschaftliche Befassung mit dem, was wir Landschaft nennen, sollte sich stärker auf
die individuell aktualisierte gesellschaftliche Landschaft konzentrieren. Dieser Befund
hat zwei Grundlagen: Einerseits fand in der bisherigen Forschung eine starke Fokussierung auf die Erfassung der gesellschaftlichen Landschaft statt, sodass hier umfangreiche
empirische Befunde vorliegen (unter anderem auch die vorliegende Arbeit), andererseits
differenziert sich die Gesellschaft immer stärker in Milieus aus, die zudem durch unterschiedliche kulturelle Kontexte weiter modifiziert werden, Biografien sind immer weniger durch Herkunft oder ‚Klassenzugehörigkeit' determiniert, sondern werden immer
stärker zur selbstverantwortlichen Aufgabe des Individuums (unter vielen: Berger 2013;
Hitzler und Honer 1994; Kohli 1994). Dadurch steigt auch die Bedeutung individueller
Anteile hinsichtlich der Konstruktion von Landschaft. Darauf deutet ebenfalls der in dieser Untersuchung konstatierte Bedeutungsgewinn der ‚heimatlichen Normallandschaft'
gegenüber der ‚stereotypen' Landschaft hin. Dies erfordert wiederum eine Anpassung
empirischer Methoden: Weniger die auf die Erfassung gesellschaftslandschaftlicher Vorstellungen ausgerichteten quantitativen Methoden sind hierzu geeignet, sondern stärker
qualitative Methoden, eigens biografische Methoden. Hinsichtlich der gesellschaftlichen
Konstruktion von Landschaftsstereotypen eröffnet sich durch die Bedeutung medialer
Konstruktionen von Landschaft ein weiteres, bislang nur in Ansätzen beforschtes Feld:
die Präsentation von ‚Landschaft' im Internet und deren zeitlicher Veränderung.

Anhang (Fragebogen, Version 2016)

Prof. Dr. Dr. Olaf Kühne

WAHRNEHMUNG VON LANDSCHAFTEN - FRAGEBOGEN

Die Entwicklung der saarländischen Landschaften ist zunehmend Gegenstand öffentlicher Diskussion. Wie häufig denken Sie über Landschaft und ihre Veränderung nach? (bitte kreuzen Sie das Zutreffende an - eine Antwort ist möglich)

O häufig (mehrmals pro Woche)   O nie
O weniger häufig (wenige Male im Monat)   O weiß nicht
O selten (wenige Male im Jahr)

Wie wichtig ist es Ihnen, in oder in der Nähe einer Ihrer Meinung nach „schönen" Landschaft zu leben?

O sehr wichtig   O wichtig   O weniger wichtig   O unwichtig   O weiß nicht

An welches andere Wort denken Sie zuerst, wenn Sie das Wort „Landschaft" hören?

....

Nennen Sie bitte drei Worte, die Ihrer Meinung nach mit dem Begriff Landschaft bedeutungsmäßig verwandt sind!

1. Wort .... 2. Wort .... 3. Wort ....

Kann man Ihrer Meinung nach heute Stadt und Landschaft eindeutig voneinander trennen?

O ja   O nein   O weiß nicht

Wie nehmen Sie Landschaft in der Regel wahr? (mehrere Antworten sind möglich)

O auf Wanderungen	O in Film- und	O in Spielfilmen	O anderes: ....
O per Fahrrad	Fernsehwerbung	O auf Landkarten	O weiß nicht
O per Auto	O in Prospekten (z.B. von	O auf Postkarten	
O im Fernsehen	Reiseveranstaltern)	O im Urlaub	
O im Internet	O in Bildbänden	O auf Reisen	
O vom Zug aus	O in Romanen	O in Gemälden	
O in Dokumentarfilmen	O in der Phantasie		

Wie nutzen Sie Landschaft? (mehrere Antworten sind möglich)

O in der Freizeit (z. B. wandern, Rad fahren)   O andere Möglichkeit: ....
O durch Bewirtschaftung (z. B. Landwirtschaft, Garten) O gar nicht (Landschaft ist mir nicht wichtig)
O durch Betrachtung   O weiß nicht

Wie eignen Sie sich Wissen über Landschaft an? (mehrere Antworten sind möglich)

O durch direkte Beobachtung
O durch das Lesen von Büchern   O durch Führungen
O durch Gespräche   O andere Möglichkeit: ....
O durch Kurse an Volkshochschulen / Schulen / Hochschulen O gar nicht (Landschaft ist mir nicht wichtig)
O durch das Internet   O weiß nicht

© Springer Fachmedien Wiesbaden GmbH 2018
O. Kühne, *Landschaft und Wandel*, RaumFragen: Stadt – Region – Landschaft,
DOI 10.1007/978-3-658-18534-3

Welche drei Landschaften innerhalb und außerhalb des Saarlandes würden Sie als schön bezeichnen?

1. ....

Waren Sie schon einmal dort?   O ja   O nein

2. ....

Waren Sie schon einmal dort?   O ja   O nein

3. ....

Waren Sie schon einmal dort?   O ja   O nein

Als welche Landschaft würden Sie den Saargau bezeichnen?

O als Muschelkalklandschaft O als Bördelandschaft O als Buntsandsteinlandschaft O als Vulkanlandschaft O weiß nicht

Mit welchem geologischen Prozess bringen Sie den Schaumberg hauptsächlich in Verbindung?

O Gebirgsfaltung O Vulkanismus O Ablagerung von Kalkstein O Flächenhafte Abtragung O weiß nicht

Als was lassen sich Ihrer Meinung nach die Mehrzahl der Dörfer des Saarlandes am ehesten bezeichnen?

O Haufendörfer O Angerdörfer O Hufendörfer O Rundlinge O Straßendörfer O Streusiedlungen O weiß nicht

Wie würden Sie die links abgebildete Landschaft (Wechsel aus Wiesen, Feldern, Bäumen und Büschen) am ehesten charakterisieren? (bitte nur eine Antwort ankreuzen)

O modern   O traditionell
O hässlich   O interessant
O schön   O weiß nicht
O nichtssagend   O anderes: ....

Welches Gefühl haben Sie am ehesten, wenn Sie das Bild links betrachten? (bitte nur eine Antwort ankreuzen)

O Angst   O Freude
O Stolz   O Behaglichkeit
O Abscheu   O Zugehörigkeit
O Gleichgültigkeit   O Liebe
O Trauer
O weiß nicht
O anderes, nämlich: ....

Möchten Sie mit Ausblick auf diese Landschaft leben?

O immer   O zeitweilig   O nie   O weiß nicht

Würden Sie es bedauern, wenn diese Landschaft ihren Charakter (zum Beispiel durch völlige Bewaldung) ändern würde?

O ja   O nein   O weiß nicht

Wären Sie persönlich bereit, sich zu engagieren, um diese Landschaft zu erhalten?

ja, durch... O ... persönliches Engagement   O ... Geldzahlung zur Pflege der Landschaft
O ... anderes: ....   O weiß nicht
O nein

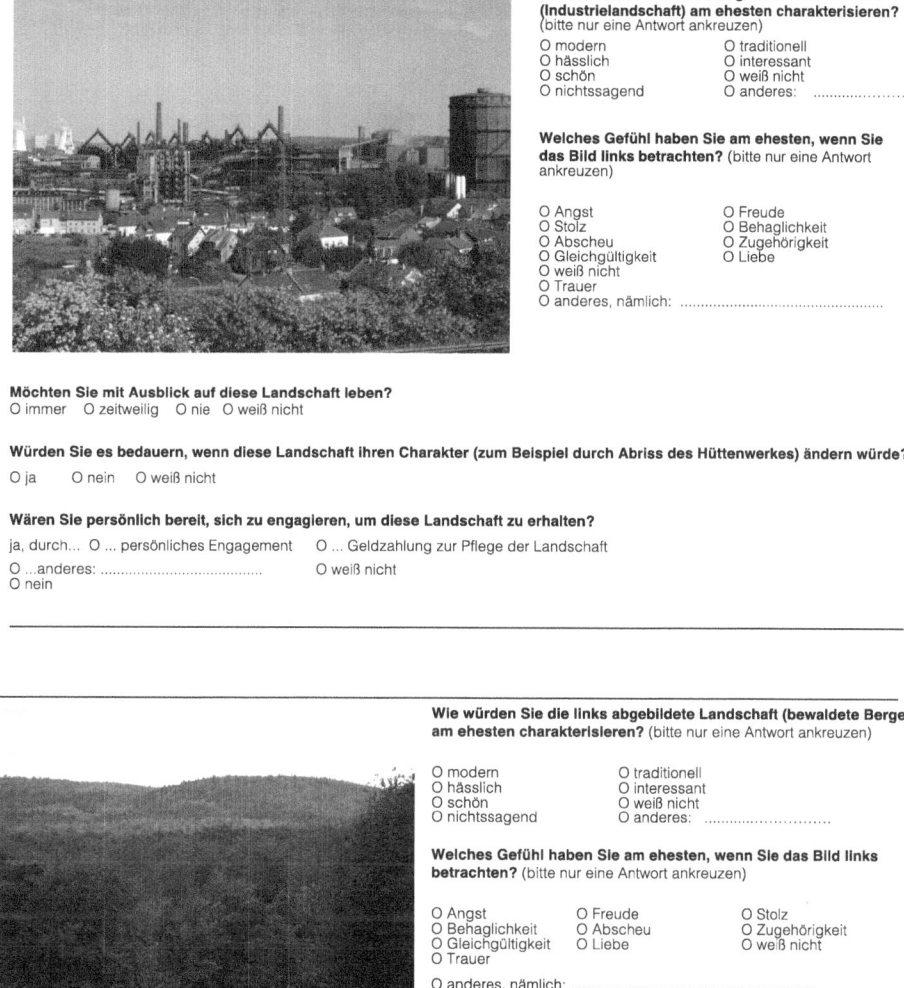

Wie würden Sie die links abgebildete Landschaft (Industrielandschaft) am ehesten charakterisieren? (bitte nur eine Antwort ankreuzen)

O modern   O traditionell
O hässlich   O interessant
O schön   O weiß nicht
O nichtssagend   O anderes: ....

Welches Gefühl haben Sie am ehesten, wenn Sie das Bild links betrachten? (bitte nur eine Antwort ankreuzen)

O Angst   O Freude
O Stolz   O Behaglichkeit
O Abscheu   O Zugehörigkeit
O Gleichgültigkeit   O Liebe
O weiß nicht
O Trauer
O anderes, nämlich: ....

Möchten Sie mit Ausblick auf diese Landschaft leben?
O immer   O zeitweilig   O nie   O weiß nicht

Würden Sie es bedauern, wenn diese Landschaft ihren Charakter (zum Beispiel durch Abriss des Hüttenwerkes) ändern würde?

O ja   O nein   O weiß nicht

Wären Sie persönlich bereit, sich zu engagieren, um diese Landschaft zu erhalten?

ja, durch... O ... persönliches Engagement   O ... Geldzahlung zur Pflege der Landschaft
O ...anderes: ....   O weiß nicht
O nein

Wie würden Sie die links abgebildete Landschaft (bewaldete Berge) am ehesten charakterisieren? (bitte nur eine Antwort ankreuzen)

O modern   O traditionell
O hässlich   O interessant
O schön   O weiß nicht
O nichtssagend   O anderes: ....

Welches Gefühl haben Sie am ehesten, wenn Sie das Bild links betrachten? (bitte nur eine Antwort ankreuzen)

O Angst   O Freude   O Stolz
O Behaglichkeit   O Abscheu   O Zugehörigkeit
O Gleichgültigkeit   O Liebe   O weiß nicht
O Trauer

O anderes, nämlich: ....

Möchten Sie mit Ausblick auf diese Landschaft leben?

O immer   O zeitweilig   O nie   O weiß nicht

Würden Sie es bedauern, wenn diese Landschaft ihren Charakter (zum Beispiel durch völlige Abholzung) ändern würde?

O ja   O nein   O weiß nicht

Wären Sie persönlich bereit, sich zu engagieren, um diese Landschaft zu erhalten?

ja, durch... O ... persönliches Engagement   O ... Geldzahlung zur Pflege der Landschaft
O ...anderes: ....   O weiß nicht
O nein

Wie würden Sie die links abgebildete Landschaft (Landwirtschaftsflächen und Windkraftanlagen) am ehesten charakterisieren? (bitte nur eine Antwort ankreuzen)

O modern	O traditionell
O hässlich	O interessant
O schön	O weiß nicht
O nichtssagend	O anderes: ....

Welches Gefühl haben Sie am ehesten, wenn Sie das Bild links betrachten? (bitte nur eine Antwort ankreuzen)

O Angst	O Freude	O Stolz
O Behaglichkeit	O Abscheu	O Zugehörigkeit
O Gleichgültigkeit	O Liebe	O weiß nicht
O Trauer		

O anderes, nämlich: ....

Möchten Sie mit Ausblick auf diese Landschaft leben?

O immer   O zeitweilig   O nie   O weiß nicht

Würden Sie es bedauern, wenn diese Landschaft ihren Charakter (zum Beispiel Abriss der Windräder und/oder durch Verbuschung der Wiesen) ändern würde?

O ja   O nein   O weiß nicht

Wären Sie persönlich bereit, sich zu engagieren, um diese Landschaft zu erhalten?

ja, durch... O ... persönliches Engagement   O ... Geldzahlung zur Pflege der Landschaft

O ...anderes: ....   O weiß nicht
O nein

Im Saarland wird intensiv über den Umgang mit Hüttengeländen und Fördertürmen diskutiert. Wie sollte Ihrer Meinung nach mit solchen Anlagen umgegangen werden? (Bitte nur eine Möglichkeit ankreuzen)

O Erhaltung aller Anlagen
O Umnutzung der Anlagen (z. B. als Konferenzort, Diskothek), sofern dies möglich ist
O Abriss der Anlagen und erneute gewerbliche Nutzung (z. B. zum Bau von Einkaufszentren, Büros, Wohnungen usw.)
O Teilweiser Erhalt der wichtigsten Anlagen und Anlagenteile, teilweise Umnutzung, teilweiser Abriss

O andere: ....   O weiß nicht

Derzeit wird im Saarland darüber nachgedacht, wie die Bergehalden des Kohlebergbaus in 30 Jahren aussehen sollen. Wie sollen Ihrer persönlichen Meinung nach Bergehalden in 30 Jahren aussehen? (Bitte eine Möglichkeit ankreuzen)

O unbewachsen	O andere Möglichkeit: ....
O vollständig begrünt	O weiß nicht
O teilweise Begrünung, teilweise unbewachsen	

Fühlen Sie sich mit dem Saarland verbunden? (Bitte eine Möglichkeit ankreuzen)

O ja   O nein   O weiß nicht

Welche Bedeutung hat Heimat für Sie persönlich? (Bitte eine Möglichkeit ankreuzen)

O sehr große Bedeutung	O große Bedeutung	O mittlere Bedeutung	O geringe Bedeutung
O keine Bedeutung	O weiß nicht		

Wie stark ist Ihre persönliche Bindung zu den Landschaften des Saarlandes?

O sehr groß   O groß   O mittel   O gering   O keine   O weiß nicht

Um das Verhältnis der Saarländerinnen und Saarländer zu den Landschaften besser erfassen zu können, werden im Folgenden einige allgemeine Fragen gestellt. Derzeit wird häufig über die Zukunft der Bundesrepublik Deutschland diskutiert. Unten sind zwölf Ziele aufgeführt, die immer wieder als wichtig genannt werden. Kreuzen Sie bitte diejenigen sechs Ziele an, die Ihnen am wichtigsten erscheinen.

O Erhaltung oder Erzielung eines hohen Niveaus an
  Wirtschaftswachstum
O Eine starke Armee
O Mehr Mitsprache der Bevölkerung in der Gemeinde
O Verschönerung von Dörfern und Städten
O Aufrechterhaltung der Ordnung im Land
O Mehr Mitsprache der Menschen bei
  Regierungsangelegenheiten

O Inflationsbekämpfung
O Erhaltung der Redefreiheit
O Eine stabile Wirtschaft
O Fortschritte hin zu einer menschlicheren und weniger
  unpersönlichen Gesellschaft
O Fortschritte hin zu einer Gesellschaft, in der Ideen mehr als
  Geld zählen
O Verbrechensbekämpfung

In den letzten Jahren wird zunehmend die Globalisierung thematisiert. Wie sehen Sie die Globalisierung? (bitte eine Antwort ankreuzen)

O beängstigend   O als Chance   O teilnahmslos   O anderes: .... O weiß nicht

Was gehört Ihrer Meinung nach zu einer Landschaft? (mehrere Antworten sind möglich)

O Wiesen	O Regenschauer	O Düfte (z.B. von Blumen)	O Gebirge
O einzelne Menschen	O kleinere Städte	O Atmosphäre (im Sinne von Stimmung)	O Autobahnen
O Autos	O einzelne Blumen	O Industriebetriebe	O Windräder
O Wälder	O Großstädte	O Gruppen von Menschen	O anderes: ....
O Dörfer	O Bauernhöfe	O Landstraßen	O weiß nicht
O Bäche	O Wolken	O Geräusche (z. B. von Eisenbahnen)	

Wenn Sie an eine Landschaft denken, welche Größe stellen Sie sich dafür am ehesten vor? (bitte eine Antwort ankreuzen)

O wie etwa auf einer Postkarte ersichtlich   O So weit man sehen kann
O etwa ein Quadratkilometer (1 Kilometer mal 1 Kilometer) O anderes: ....
O etwa 100 Quadratkilometer (10 Kilometer mal 10 Kilometer) O weiß nicht
O etwa 1.000 Quadratkilometer (40 Kilometer mal 25 Kilometer)

In welcher Stadt oder Gemeinde wohnen Sie? (bitte ausfüllen) ....

In welchem Jahr sind Sie geboren? ....

Welches Geschlecht haben Sie?   O männlich   O weiblich

Welchen höchsten allgemeinbildenden Schulabschluss haben Sie?

O kein Abschluss   O Fachhochschulreife
O Volks-/Hauptschulabschluss   O Hochschulreife
O Realschulabschluss oder
   gleichwertiger Abschluss

Welchen Berufsbildungsabschluss haben Sie?

O keinen   O Meister/Techniker/Fachschulabschluss   O anderer: ....
O berufliches Praktikum/Anlernausbildung   O Fachhochschulabschluss
O Lehrausbildung   O Hochschulabschluss/Promotion

Welcher Partei stehen Sie nahe?
O CDU   O FDP   O SPD   O Piraten   O AfD
O Bündnis 90 / die Grünen   O keiner   O andere: ....

Sind Sie....

O ... in Ausbildung   O ... selbständig tätig   O ... in Ruhestand
O ... Angestellter / Angestellte   O ... arbeitslos   O anderes: ....
O ... Beamter / Beamtin   O ... in Weiterbildung
O ... freiberuflich tätig   O ... in Vorruhestand

Wie groß ist Ihr Netto-Haushaltseinkommen?

O unter 10.000 € pro Jahr   O über 25.000 bis 50.000 € pro Jahr
O 10.000 bis 25.000 € pro Jahr   O über 50.000 € pro Jahr

Wie viele Personen leben in Ihrem Haushalt?

O eine   O zwei   O drei   O vier   O fünf oder mehr

Vielen Dank für die Beantwortung der Fragen!

Literatur

Antonovsky, A. (1979). *Health, stress, and coping*. San Francisco: Jossey-Bass Publishers.

Aschenbrand, E. (2017 [im Erscheinen]). *Die Landschaft des Tourismus. Wie Landschaft von Reiseveranstaltern inszeniert und von Touristen konsumiert wird*. Wiesbaden: Springer VS.

Augenstein, I. (2002). *Die Ästhetik der Landschaft. Ein Bewertungsverfahren für die planerische Umweltvorsorge* (Berliner Beiträge zur Ökologie, Bd. 3). Berlin: Weißensee Verlag.

Baudrillard, J. (1994). *Simulacra and Simulation*. Michigan: Ann Arbor. University of Michigan Press.

Bauman, Z. (2008). *Flüchtige Zeiten. Leben in der Ungewissheit*. Hamburg: Verlag Hamburg Ed.

Berger, P. A. (2013). *Individualisierung. Statusunsicherheit und Erfahrungsvielfalt*. Wiesbaden: VS Verlag für Sozialwissenschaften.

Berger, P. L. & Luckmann, T. (1966). *The Social Construction of Reality. A Treatise in the Sociology of Knowledge*. New York: Anchor books.

Bertels, L. (1997). *Die dreiteilige Großstadt als Heimat. Ein Szenarium*. Opladen: Leske + Budrich.

Beyme, K. v. (2013). *Von der Postdemokratie zur Neodemokratie*. Wiesbaden: Springer VS.

Blackbourn, D. (2007). *Dier Eroberung der Natur. Eine Geschichte der deutschen Landschaft*. München.

Blumer, H. (1973). Der methodologische Standort des symbolischen Interaktionismus. In Arbeitsgruppe Bielefelder Soziologen (Hrsg.), *Alltagswissen, Interaktion und gesellschaftliche Wirklichkeit. Band 1* (S. 80–146). Reinbek bei Hamburg.

Böheim, J. (1930). *Das Landschaftsgefühl des ausgehenden Mittelalters*. Leipzig: B. G. Teubner.

Bourassa, S. C. (1991). *The Aesthetics of Landscape*. London: Belhaven Press.

Bourdieu, P. (1991). Physischer, sozialer und angeeigneter physischer Raum. In M. Wentz (Hrsg.), *Stadt-Räume* (S. 25–34). Frankfurt: Campus Verlag.

Bourdieu, P. (Hrsg.). (2005 [1983]). *Die verborgenen Mechanismen der Macht*. Hamburg: VSA.

Braun, A. (2000). *Wahrnehmung von Wald und Natur*. Opladen: Leske + Budrich.

Brettschneider, F. (2015). Richtig kommunizieren. „Stuttgart 21" und die Lehren für die Kommunikation bei Infrastruktur- und Bauprojekten. In G. Bentele, R. Bohse, U. Hitschfeld & F. Krebber (Hrsg.), *Akzeptanz in der Medien- und Protestgesellschaft. Zur Debatte um Legitimation, öffentliches Vertrauen, Transparenz und Partizipation* (S. 281–299). Wiesbaden: Springer VS.

Bruns, D. (2013). Landschaft – ein internationaler Begriff? In D. Bruns & O. Kühne (Hrsg.), *Landschaften: Theorie, Praxis und internationale Bezüge* (S. 153–170). Schwerin: Oceano Verlag.

Bruns, D. & Kühne, O. (2013). Landschaft im Diskurs. Konstruktivistische Landschaftstheorie als Perspektive für künftigen Umgang mit Landschaft. *Naturschutz und Landschaftsplanung 45* (3), 83–88.

© Springer Fachmedien Wiesbaden GmbH 2018
O. Kühne, *Landschaft und Wandel,* RaumFragen: Stadt – Region – Landschaft,
DOI 10.1007/978-3-658-18534-3

Bruns, D. & Kühne, O. (2015). Zur kulturell differenzierten Konstruktion von Räumen und Land-schaften als Herausforderungen für die räumliche Planung im Kontext von Globalisierung. In B. Nienaber & U. Roos (Hrsg.), *Internationalisierung der Gesellschaft und die Auswirkungen auf die Raumentwicklung. Beispiele aus Hessen, Rheinland-Pfalz und dem Saarland* (Arbeits-berichte der ARL, Bd. 13, S. 18–29). Hannover: ARL, Akademie für Raumforschung und Landesplanung. https://shop.arl-net.de/media/direct/pdf/ab/ab_013/ab_013_gesamt.pdf. Zuge-griffen 08.03.2017.

Bruns, D., Kühne, O., Schönwald, A. & Theile, S. (Hrsg.). (2015). *Landscape Culture – Culturing landscapes. The Differentiated Construction of Landscapes.* Wiesbaden: Springer VS.

Bruns, D. & Münderlein, D. (2017). Kulturell diverse Landschaftswertschätzung und Visuelle Kommunikation. In O. Kühne, H. Megerle & F. Weber (Hrsg.), *Landschaftsästhetik und Land-schaftswandel* (303–318). Wiesbaden: Springer VS.

Burckhardt, L. (2004). *Wer plant die Planung? Architektur, Politik und Mensch.* Berlin: Martin Schmitz Verlag.

Burckhardt, L. (2006). *Warum ist Landschaft schön? Die Spaziergangswissenschaft.* Kassel: Mar-tin Schmitz Verlag.

Burr, V. (2005). *Social Constructivism.* London: Routledge.

Büttner, N. (2006). *Geschichte der Landschaftsmalerei.* München: Hirmer.

Campbell, N. (2000). *The Cultures of the American New West.* Chicago: Fitzroy Dearborn Publis-hers.

Chilla, T., Kühne, O., Weber, F. & Weber, F. (2015). „Neopragmatische" Argumente zur Verein-barkeit von konzeptioneller Diskussion und Praxis der Regionalentwicklung. In O. Kühne & F. Weber (Hrsg.), *Bausteine der Regionalentwicklung* (S. 13–24). Wiesbaden: Springer VS.

Claßen, T. (2016). Landschaft. In U. Gebhard & T. Kistemann (Hrsg.), *Landschaft, Identität und Gesundheit. Zum Konzept der Therapeutischen Landschaften* (S. 31–44). Wiesbaden: Springer VS.

Cosgrove, D. (1985). Prospect, Perspective and the Evolution of the Landscape Idea. *Transactions of the Institute of British Geographers 10* (1), 45–62. doi:10.2307/622249

Cosgrove, D. E. (1984). *Social Formation and Symbolic Landscape.* London: University of Wis-consin Press.

Dahrendorf, R. (1971 [1958]). *Homo sociologicus. Ein Versuch zur Geschichte, Bedeutung und Kritik der Kategorie der sozialen Rolle.* Opladen: Westdeutscher Verlag.

Dahrendorf, R. (1972). *Konflikt und Freiheit. Auf dem Weg zur Dienstklassengesellschaft.* Mün-chen: Piper.

Davies, D. (1988). The evocative symbolism of trees. In D. Cosgrove & S. Daniels (Hrsg.), *The Iconography of Landscape. Essays on the Symbolic Representatin, Design and Use of Past Environments* (S. 32–42). Cambridge: Cambridge University Press. https://books.google.de/books?id=iUKrP2dXqDoC&pg=PA32&hl=de&source=gbs_toc_r&cad=3.   Zugegriffen 21.03.2017.

Diekmann, A. (2003). *Empirische Sozialforschung. Grundlagen, Methoden, Anwendungen* (Rororo Rowohlts Enzyklopädie). Reinbek bei Hamburg: Rowohlt.

Dittrich-Wesbuer, A., Kramer, C., Duchêne-Lacroix, C. & Rumpolt, P. A. (2015). Multi-Local Living Arrangements – Approaches to Quantification. *Tijdschrift voor economische en sociale geografie 4* (106), 409–424.

Drexler, D. (2009). Kulturelle Differenzen der Landschaftswahrnehmung in England, Frankreich, Deutschland und Ungarn. In T. Kirchhoff & L. Trepl (Hrsg.), *Vieldeutige Natur. Landschaft, Wildnis und Ökosystem als kulturgeschichtliche Phänomene* (Sozialtheorie, S. 119–136). Biele-feld: Transcript.

Drexler, D. (2010). *Landschaften und Landschaftswahrnehmung: Untersuchung des kulturhistorischen Bedeutungswandels von Landschaft anhand eines Vergleichs von England, Frankreich, Deutschland und Ungarn,* Technische Universität München. München.

Drexler, D. (2013). Die Wahrnehmung der Landschaft – ein Blick auf das englische, französische und ungarische Landschaftsverständnis. In D. Bruns & O. Kühne (Hrsg.), *Landschaften: Theorie, Praxis und internationale Bezüge* (S. 37–54). Schwerin: Oceano Verlag.

Duncan, J. (1995). Landscape geography, 1993–94. *Progress in Human Geography 19* (3), 414–422. http://journals.sagepub.com/doi/pdf/10.1177/030913259501900308. Zugegriffen 30.03.2017.

Egner, H. (2010). *Theoretische Geographie.* Darmstadt: WBG.

Eisel, U. (1982). Die schöne Landschaft als kritische Utopie oder als konservatives Relikt. Über die Kristallisation gegnerischer politischer Philosophien im Symbol „Landschaft". *Soziale Welt 33* (2), 157–168.

Fontaine, D. (2017a). Ästhetik simulierter Welten am Beispiel Disneylands. In O. Kühne, H. Megerle & F. Weber (Hrsg.), *Landschaftsästhetik und Landschaftswandel* (105–120). Wiesbaden: Springer VS.

Fontaine, D. (2017b). *Simulierte Landschaften in der Postmoderne. Reflexionen und Befunde zu Disneyland, Wolfersheim und GTA V.* Wiesbaden: Springer VS.

Franke, N. M. (2017). *Naturschutz – Landschaft – Heimat. Romantik als eine Grundlage des Naturschutzes in Deutschland.* Wiesbaden: Springer VS.

Freund, M. (2015). *Förderung einer nachhaltigen Entwicklung? Konzepte und Medienberichterstattungsformen im europäischen Kontext.* Berlin: Logos.

Frohn, H.-W. & Rosebrock, J. (2008). „Bruno, der Bär" und die afrikanische Megafauna. Zum Habitus internationaler Naturschutzakteure – eine historische Herleitung. In K.-H. Erdmann, J. Löffler & S. Roscher (Hrsg.), *Naturschutz im Kontext einer nachhaltigen Entwicklung. Ansätze, Konzepte, Strategien* (Naturschutz und biologische Vielfalt, Bd. 67, S. 31–50). Münster: Landwirtschaftsverlag.

Gailing, L. (2012). Sektorale Institutionensysteme und die Governance kulturlandschaftlicher Handlungsräume. Eine institutionen- und steuerungstheoretische Perspektive auf die Konstruktion von Kulturlandschaft. *Raumforschung und Raumordnung 70* (2), 147–160. doi:10.1007/s13147-011-0135-x

Gailing, L. & Leibenath, M. (2010). Diskurse, Institutionen und Governance: Sozialwissenschaftliche Zugänge zum Untersuchungsgegenstand Kulturlandschaft. *Berichte zur deutschen Landeskunde 84* (1), 9–25.

Gailing, L. & Leibenath, M. (2012). Von der Schwierigkeit, „Landschaft" oder „Kulturlandschaft" allgemeingültig zu definieren. *Raumforschung und Raumordnung 70* (2), 95–106. doi:10.1007/s13147-011-0129-8

Gebhard, U. (2016a). Natur und Lanschaft als Symbolisierunsganlass. In U. Gebhard & T. Kistemann (Hrsg.), *Landschaft, Identität und Gesundheit. Zum Konzept der Therapeutischen Landschaften* (S. 151–167). Wiesbaden: Springer VS.

Gebhard, U. (2016b). Zum Zusammenhang zwischen Persönlichkeitsentwicklung und Landschaft. In U. Gebhard & T. Kistemann (Hrsg.), *Landschaft, Identität und Gesundheit. Zum Konzept der Therapeutischen Landschaften* (S. 169–184). Wiesbaden: Springer VS.

Gebhard, U. & Kistemann, T. (2016). Therapeutische Landschaften: Gesundheit, Nachhaltigkeit, „gutes Leben". In U. Gebhard & T. Kistemann (Hrsg.), *Landschaft, Identität und Gesundheit. Zum Konzept der Therapeutischen Landschaften* (S. 1–17). Wiesbaden: Springer VS.

Gebhardt, L. & Wiegandt, C.-C. (2014). Neue Stadtlust? Motive für urbanes Wohnen im Kontext der Reurbanisierungsdebatte – die Fallstudien Köln Sülz und Leipzig Südvorstadt. In R. Danielzyk, S. Lentz & C.-C. Wiegandt (Hrsg.), *Suchst du noch oder wohnst du schon? Wohnen in polyzentrischen Stadtregionen* (S. 141–169). Berlin: LIT.

Glasze, G. & Mattissek, A. (Hrsg.). (2009). *Handbuch Diskurs und Raum. Theorien und Methoden für die Humangeographie sowie die sozial- und kulturwissenschaftliche Raumforschung.* Bielefeld: Transcript.

Glasze, G. & Weber, F. (2010). Drei Jahrzehnte area-basierte Stadtpolitik in Frankreich: die politique de la ville. Bearbeitung gesellschaftlicher Probleme mittels raumorientierter Ansätze? *Raumforschung und Raumordnung 68* (6), 459–470. doi:10.1007/s13147-010-0068-9

Greider, T. & Garkovich, L. (1994). Landscapes: The Social Construction of Nature and the Environment. *Rural Sociology 59* (1), 1–24.

Häder, M. & Häder, S. (2014). Stichprobenziehung in der quantitativen Sozialforschung. In N. Baur & J. Blasius (Hrsg.), *Handbuch Methoden der empirischen Sozialforschung* (S. 283–297). Wiesbaden: Springer VS.

Hall, S. (2002). Die Zentralität von Kultur. Anmerkungen über die kulturelle Revolution unserer Zeit. In A. Hepp & M. Löffelholz (Hrsg.), *Grundlagentexte zur transkulturellen Kommunikation* (Bd. 2371, S. 95–107). Konstanz: UVK Verlagsgesellschaft.

Hard, G. (1969). Das Wort Landschaft und sein semantischer Hof. Zur Methode und Ergebnis eines linguistischen Tests. *Wirkendes Wort 19,* 3–14.

Hard, G. (1977). Zu den Landschaftsbegriffen der Geographie. In A. Hartlieb von Wallthor & H. Quirin (Hrsg.), *„Landschaft" als interdisziplinäres Forschungsproblem. Vorträge und Diskussionen des Kolloquiums am 7./8. November 1975 in Münster* (S. 13–24). Münster: Aschendorff.

Hard, G. (2002). Zu Begriff und Geschichte von „Natur" und „Landschaft" in der Geographie des 19. und 20. Jahrhunderts [1983 erstveröffentlicht]. In G. Hard (Hrsg.), *Landschaft und Raum. Aufsätze zur Theorie der Geographie* (Osnabrücker Studien zur Geographie, Bd. 22, S. 171–210). Osnabrück: Universitätsverlag Rasch.

Hasse, J. (1993). *Heimat und Landschaft. Über Gartenzwerge, Center Parcs und andere Ästhetisierungen.* Wien: Passagen Verlag.

Hasse, J. (2000). *Die Wunden der Stadt. Für eine neue Ästhetik unserer Städte* (Passagen Architektur). Wien: Passagen Verlag.

Hauser, S. (2001). *Metamorphosen des Abfalls. Konzepte für alte Industrieareale.* Frankfurt am Main: Campus Verlag.

Hauser, S. (2004). Industrieareale als urbane Räume. In W. Siebel (Hrsg.), *Die europäische Stadt* (S. 146–157). Frankfurt (Main): Suhrkamp.

Hilbig, H. (2014). Warum es keine Architekturethik braucht – Und warum vielleicht doch. *Ausdruck und Gebrauch* (12), 96–106.

Hitzler, R. & Honer, A. (1994). Bastelexistenz: über subjektive Konsequenzen der Individualisierung. In U. Beck & E. Beck-Gernsheim (Hrsg.), *Riskante Freiheiten. Individualisierung in modernen Gesellschaften* (Bd. 186, S. 307–315). Frankfurt (Main): Suhrkamp.

Hohl, H. (1977). Das Thema Landschaft in der deutschen Malerei des ausgehenden 18. und beginnenden 19. Jahrhunderts. In A. Hartlieb von Wallthor & H. Quirin (Hrsg.), *„Landschaft" als interdisziplinäres Forschungsproblem. Vorträge und Diskussionen des Kolloquiums am 7./8. November 1975 in Münster* (S. 45–53). Münster: Aschendorff.

Hokema, D. (2013). *Landschaft im Wandel? Zeitgenössische Landschaftsbegriffe in Wissenschaft, Planung und Alltag.* Wiesbaden: Springer VS.

Hokema, D. (2015). Landscape is Everywhere. The Construction of Landscape by US-American Laypersons. *Geographische Zeitschrift 103* (3), 151–170.

Hook, S. (2008). *Landschaftsveränderungen im südlichen Oberrheingebiet und Schwarzwald. Wahrnehmung kulturtechnischer Maßnahmen seit Beginn der 19. Jahrhunderts.* Saarbrücken.

Hunziker, M. (2000). *Einstellungen der Bevölkerung zu möglichen Landschaftsentwicklungen in den Alpen.* Birmensdorf: Eidgenössische Forschungsanstalt WSL.

Hunziker, M. (2010). Die Bedeutung der Landschaft für den Menschen: objektive Eigenschaften der Landschaft oder individuelle Wahrnehmung des Menschen? In WSL (Hrsg.), *Landschaftsqualität. Konzepte, Indikatoren und Datengrundlagen* (Forum für Wissen, S. 33–41). Birmensdorf: Eidgenössische Forschungsanstalt WSL.

Inglehart, R. (1977). *The Silent Revolution. Changing Values and Political Styles Among Western Publics* (Princeton Legacy Library). Princeton, New Jersey: Princeton University Press.

Inglehart, R. (1998). *Modernisierung und Postmodernisierung. Kultureller, wirtschaftlicher und politischer Wandel in 43 Gesellschaften*. Frankfurt am Main: Campus-Verlag.

Ipsen, D. (2006). *Ort und Landschaft*. Wiesbaden: VS Verlag für Sozialwissenschaften.

Irrgang, B. (2014). Architekturethik oder Gestaltung von Wohnen. Über das Bauen und die Einbettung von Architektur in Natur und Kultur. *Ausdruck und Gebrauch* (12), 10–29.

Jackson, J. B. (2005). Die Zukunft des Vernakulären [1990]. In B. Franzen & S. Krebs (Hrsg.), *Landschaftstheorie. Texte der Cultural Landscape Studies* (Kunstwissenschaftliche Bibliothek, Bd. 26, S. 45–56). Köln: König.

Jörke, D. (2010). Die Versprechen der Demokratie und die Grenzen der Deliberation. *Zeitschrift für Politikwissenschaft 20* (3–4), 269–290.

Kaufmann, S. (2005). *Soziologie der Landschaft*. Wiesbaden: VS Verlag für Sozialwissenschaften.

Kazig, R. (2007). Atmosphären – Konzept für einen nicht repräsentationellen Zugang zum Raum. In C. Berndt & R. Pütz (Hrsg.), *Kulturelle Geographien. Zur Beschäftigung mit Raum und Ort nach dem Cultural Turn* (S. 167–187). Bielefeld: Transcript.

Kazig, R. (2008). Typische Atmosphären städtischer Plätze. Auf dem Weg zu einer anwendungsorientierten Atmosphärenforschung. *Die alte Stadt 35* (2), 146–160.

Kazig, R. (2013). Landschaft mit allen Sinnen – Zum Wert des Atmosphärenbegriffs für die Landschaftsforschung. In D. Bruns & O. Kühne (Hrsg.), *Landschaften: Theorie, Praxis und internationale Bezüge* (S. 221–232). Schwerin: Oceano Verlag.

Kazig, R. (2016). Die Bedeutung von Alltagsästhetik im Kontext der Polarisierung und Hybridisierung von Städten. In F. Weber & O. Kühne (Hrsg.), *Fraktale Metropolen. Stadtentwicklung zwischen Devianz, Polarisierung und Hybridisierung* (S. 215–230). Wiesbaden: Springer VS.

Kelle, U. (2008). *Die Integration qualitativer und quantitativer Methoden in der empirischen Sozialforschung. Theoretische Grundlagen und methodologische Konzepte*. Wiesbaden: VS Verlag für Sozialwissenschaften.

Keupp, H., Ahbe, T., Gmür, W., Höfer, R., Mitzscherlich, B., Kraus, W. & Sraus, F. (2002). *Identitätskonstruktionen. Das Patchwork der Identitäten in der Spätmoderne*. Reinbek bei Hamburg: Rowohlt-Taschenbuch-Verlag.

Kilper, H., Heiland, S., Leibenath, M. & Tzschaschel, S. (2012). Die gesellschaftliche Konstituierung von Kulturlandschaft. *Raumforschung und Raumordnung 70* (2), 91–94. doi:10.1007/s13147-011-0139-6

Kirchhoff, T. & Trepl, L. (2009). Landschaft, Wildnis, Ökosystem: zur kulturbedingten Vieldeutigkeit ästhetischer, moralischer und theoretischer Naturauffassungen. Einleitender Überblick. In T. Kirchhoff & L. Trepl (Hrsg.), *Vieldeutige Natur. Landschaft, Wildnis und Ökosystem als kulturgeschichtliche Phänomene* (Sozialtheorie, S. 13–68). Bielefeld: Transcript.

Kloock, D. & Spahr, A. (2007 [1986]). *Medientheorien. Eine Einführung* (UTB). München: Fink.

Kneer, G. (2009). Jenseits von Realismus und Antirealismus. Eine Verteidigung des Sozialkonstruktivismus gegenüber seinen postkonstruktivistischen Kritikern. *Zeitschrift für Soziologie 38* (1), 5–25.

Kohli, M. (1994). Institutionalisierung und Individualisierung der Erwerbsbiographie. In U. Beck & E. Beck-Gernsheim (Hrsg.), *Riskante Freiheiten. Individualisierung in modernen Gesellschaften* (S. 219–244). Frankfurt (Main): Suhrkamp.

Korff, C. (2008). Kulturlandschaft im Blick der Urlaubsgäste: Aussichten – Ansichten – Einsichten. In R. Schindler, J. Stadelbauer & W. Konold (Hrsg.), *Points of view. Landschaft verstehen – Geographie und Ästhetik, Energie und Technik* (S. 99–106). Freiburg: Modo-Verlag.

Körner, S. & Eisel, U. (2006). Nachhaltige Landschaftsentwicklung. In D. D. Genske (Hrsg.), *Fläche – Zukunft – Raum. Strategien und Instrumente für Regionen im Umbruch* (Schriftenreihe der Deutschen Gesellschaft für Geowissenschaften, Bd. 37, S. 45–60). Hannover: Deutschen Gesellschaft für Geowissenschaften.

Kromrey, H. (2013). *Empirische Sozialforschung. Modelle und Methoden der standardisierten Datenerhebung und Datenauswertung* (UTB Soziologie, Bd. 1040). Stuttgart: Lucius & Lucius.

Küchler, J. & Wang, X. (2009). Vielfältig und vieldeutig. Natur und Landschaft im Chinesischen. In T. Kirchhoff & L. Trepl (Hrsg.), *Vieldeutige Natur. Landschaft, Wildnis und Ökosystem als kulturgeschichtliche Phänomene* (Sozialtheorie, S. 201–220). Bielefeld: Transcript.

Kühne, O. (2006). *Landschaft in der Postmoderne. Das Beispiel des Saarlandes*. Wiesbaden: DUV.

Kühne, O. (2007). Soziale Akzeptanz und Perspektiven der Altindustrielandschaft. Ergebnisse einer empirischen Studie im Saarland. *RaumPlanung* (132/133), 156–160.

Kühne, O. (2008a). Die Sozialisation von Landschaft – sozialkonstruktivistische Überlegungen, empirische Befunde und Konsequenzen für den Umgang mit dem Thema Landschaft in Geographie und räumlicher Planung. *Geographische Zeitschrift 96* (4), 189–206.

Kühne, O. (2008b). *Distinktion – Macht – Landschaft. Zur sozialen Definition von Landschaft*. Wiesbaden: VS Verlag für Sozialwissenschaften.

Kühne, O. (2011). Akzeptanz von regenerativen Energien – Überlegungen zur sozialen Definition von Landschaft und Ästhetik. *Stadt+Grün* (8), 9–13.

Kühne, O. (2012). *Stadt – Landschaft – Hybridität. Ästhetische Bezüge im postmodernen Los Angeles mit seinen modernen Persistenzen*. Wiesbaden: Springer VS.

Kühne, O. (2013). *Landschaftstheorie und Landschaftspraxis. Eine Einführung aus sozialkonstruktivistischer Perspektive*. Wiesbaden: Springer VS.

Kühne, O. (2014a). „Im Wald, da sind die …" Was eigentlich heute? Zur sozialen Bedeutung von Wald. Erste Ergebnisse einer Langzeitstudie. *Naturschutz im Saarland 44* (2), 20–21.

Kühne, O. (2014b). Die intergenerationell differenzierte Konstruktion von Landschaft. *Naturschutz und Landschaftsplanung 46* (10), 297–302.

Kühne, O. (2015a). Das studentische Verständnis von Landschaft Ergebnisse einer qualitativen und quantitativen Studie bei Studierenden der Fakultät Landschaftsarchitektur der Hochschule Weihenstephan-Triesdorf. *morphé. rural – suburban – urban* (1), 50–59. www.hswt.de/fkla-morphe. Zugegriffen 21.03.2017.

Kühne, O. (2015b). Historical developments: The Evolution of the Concept of Landscape in German Linguistic Areas. In D. Bruns, O. Kühne, A. Schönwald & S. Theile (Hrsg.), *Landscape Culture – Culturing landscapes. The Differentiated Construction of Landscapes* (S. 43–52). Wiesbaden: Springer VS.

Kühne, O. (2015c). Wasser in der Landschaft – Deutungen und symbolische Aufladungen. In Holemans GmbH (Hrsg.), *Oberwasser. Kulturlandschaft mit Kieswirtschaft. Frische Perspektiven für den Niederrhein* (S. 35–47). Rees: Selbstverlag.

Kühne, O. (2016a). Transformation, Hybridisierung, Streben nach Eindeutigkeit und Urbanizing former Suburbs (URFSURBS): Entwicklungen postmoderner Stadtlandhybride in Südkalifornien und in Altindustrieräumen Mitteleuropas – Beobachtungen aus der Perspektive sozialkonstruktivistischer Landschaftsforschung. In S. Hofmeister & O. Kühne (Hrsg.), *Stadt-Landschaften. Die neue Hybridität von Stadt und Land* (S. 13–36). Wiesbaden: Springer VS.

Kühne, O. (2016b). Wasser und Landschaft – symbolische Zugänge und ästhetische Deutungen. *morphé. rural – suburban – urban* (2), 42–49. https://www.hswt.de/fileadmin/Dateien/Hochschule/Fakultaeten/LA/Dokumente/MORPHE/MORPHE-Band-02-Juni-2016.pdf. Zugegriffen 21.03.2017.

Kühne, O. (2017). Der intergenerationelle Wandel landschaftsästhetischer Vorstellungen – eine Betrachtung aus sozialkonstruktivistischer Perspektive. In O. Kühne, H. Megerle & F. Weber (Hrsg.), *Landschaftsästhetik und Landschaftswandel* (53–67). Wiesbaden: Springer VS.

Kühne, O., Jenal, C. & Currin, A. (BMUB, BfN & NABU Saarland, Hrsg.). (2014). Längsschnittstudie zur Wahrnehmung von Alt- und Totholz sowie zur symbolischen Konnotation von Wald. Zwischenbericht Phase 1. http://wertvoller-wald.de/uploads/media/Zwischenbericht_Sozialwissenschaftliche_Evaluation.pdf. Zugegriffen 03.05.2017.

Kühne, O. & Schönwald, A. (2015). *San Diego. Eigenlogiken, Widersprüche und Hybriditäten in und von ‚America's finest city'.* Wiesbaden: Springer VS.

Kühne, O. & Spellerberg, A. (2010). *Heimat und Heimatbewusstsein in Zeiten erhöhter Flexibilitätsanforderungen. Empirische Untersuchungen im Saarland.* Wiesbaden: VS Verlag für Sozialwissenschaften.

Kühne, O. & Weber, F. (2015). Der Energienetzausbau in Internetvideos – eine quantitativ ausgerichtete diskurstheoretisch orientierte Analyse. In S. Kost & A. Schönwald (Hrsg.), *Landschaftswandel – Wandel von Machtstrukturen* (S. 113–126). Wiesbaden: Springer VS.

Kühne, O. & Weber, F. (2016). Landschaft im Wandel. *ARL-Nachrichten 46* (3–4), 16–20.

Kühne, O. & Weber, F. (2017a). Geographisches Problemlösen: das Beispiel des Raumkonfliktes um die Gewinnung mineralischer Rohstoffe. *Geographie aktuell und Schule* (225), 16–24.

Kühne, O. & Weber, F. (2017b). Conflicts and negotiation processes in the course of power grid extension in Germany. *Landscape Research online first,* 1–13. http://www.tandfonline.com/doi/full/10.1080/01426397.2017.1300639. Zugegriffen 30.03.2017.

Lamnek, S. (1995). *Qualitative Sozialforschung.* Weinheim: Beltz.

Latour, B. (1996). *Der Berliner Schlüssel. Erkundungen eines Liebhabers der Wissenschaften.* Berlin: Akademie Verlag.

Lehmann, A. (2001). Mythos Deutscher Wald. *Der Bürger im Staat 51* (1), 4–9.

Lehmann, H. (1968). *Formen landschaftlicher Raumerfahrung im Spiegel der bildenden Kunst.* Erlangen: Selbstverlag der FGG.

Leibenath, M. & Otto, A. (2013). Windräder in Wolfhagen – eine Fallstudie zur diskursiven Konstituierung von Landschaften. In M. Leibenath, S. Heiland, H. Kilper & S. Tzschaschel (Hrsg.), *Wie werden Landschaften gemacht? Sozialwissenschaftliche Perspektiven auf die Konstituierung von Kulturlandschaften* (S. 205–236). Bielefeld: Transcript.

Lengen, C. (2016a). Place Identity: Identitätskonstruierende Funktionen von Ort und Landschaft. In U. Gebhard & T. Kistemann (Hrsg.), *Landschaft, Identität und Gesundheit. Zum Konzept der Therapeutischen Landschaften* (S. 185–199). Wiesbaden: Springer VS.

Lengen, C. (2016b). Places: Orte mit Bedeutung. In U. Gebhard & T. Kistemann (Hrsg.), *Landschaft, Identität und Gesundheit. Zum Konzept der Therapeutischen Landschaften* (S. 19–29). Wiesbaden: Springer VS.

Lengen, C. & Gebhard, U. (2016). Zum Identitätsbegriff. In U. Gebhard & T. Kistemann (Hrsg.), *Landschaft, Identität und Gesundheit. Zum Konzept der Therapeutischen Landschaften* (S. 45–61). Wiesbaden: Springer VS.

Löw, M. (2001). *Raumsoziologie.* Frankfurt (Main): Suhrkamp.

Michelsen, D. & Walter, F. (2013). *Unpolitische Demokratie. Zur Krise der Repräsentation* (Edition Suhrkamp, Bd. 2668, 1. Aufl.). Berlin: Suhrkamp.

Ministerium für Umwelt. (2006). Landesentwicklungsplan, Teilabschnitt „Siedlung". http://www.saarland.de/dokumente/thema_bauen_und_wohnen/LEP_Siedlung_2006.pdf. Zugegriffen 03.05.2017.

Müller, G. (1977). Zur Geschichte des Wortes Landschaft. In A. Hartlieb von Wallthor & H. Quirin (Hrsg.), *„Landschaft" als interdisziplinäres Forschungsproblem. Vorträge und Diskussionen des Kolloquiums am 7./8. November 1975 in Münster* (S. 3–13). Münster: Aschendorff.

Münker, S. (2009). *Emergenz digitaler Öffentlichkeiten. Die Sozialen Medien im Web 2.0* (Edition Unseld, Bd. 26, 1. Aufl., Orig.-Ausg). Frankfurt (Main): Suhrkamp.

Nohl, W. (2015). *Landschaftsästhetik heute. Auf dem Wege zu einer Landschaftsästhetik des guten Lebens; ausgewählte Aufsätze aus vier Jahrzehnten.* München: Oekom-Verlag.

Piepmeier, R. (1980). Das Ende der ästhetischen Kategorie „Landschaft". Zu einem Aspekt neuzeitlichen Naturverhältnisses. *Westfälische Forschungen 30,* 8–46.

Pohl, J. (1993). *Regionalbewusstsein als Thema der Sozialgeographie. Theoretische Überlegungen und empirische Untersuchungen am Beispiel Friaul* (Münchener geographische Hefte, Bd. 70). Kallmünz über Regensburg: Laßleben.

Popper, K. R. (1973). *Objektive Erkenntnis. Ein evolutionärer Entwurf.* Hamburg: Hoffmann und Campe.

Pregill, P. & Volkman, N. (1999). *Landscapes in History. Design and Planning in the Eastern and Western Traditions.* New York: Wiley.

Redfern, P. A. (2003). What Makes Genrrification „Gentrification"? *Urban Studies 40* (12), 2351–2366.

Reichertz, J. (2014). Empirische Sozialforschung und soziologische Theorie. In N. Baur & J. Blasius (Hrsg.), *Handbuch Methoden der empirischen Sozialforschung* (S. 65–80). Wiesbaden: Springer VS.

Reuter, W. (2001). Öffentliches-privates Partnerschaftsprojekt „Stuttgart 21". Konflikte, Krisen, Machtkalküle. *disP – The Planning Review 145* (37), 29–40.

Riedel, W. (1989). *„Der Spaziergang". Ästhetik der Landschaft und Geschichtsphilosophie der Natur bei Schiller.* Würzburg: Königshausen & Neumann.

Rosa, H. (2005). *Beschleunigung. Die Veränderung der Zeitstrukturen in der Moderne* (Suhrkamp-Taschenbuch Wissenschaft). Frankfurt am Main: Suhrkamp.

Roth, M. (2006). Landschaftsbildanlayse – Lanschaftsbildbewertung. Entwicklungsgeschichte eines Planungsinstruments. In U. Eisel & S. Körner (Hrsg.), *Landschaft in einer Kultur der Nachhaltigkeit. Band I. Die Verwissenschaftlichung kultureller Qualität* (Arbeitsberichte des Fachbereichs Architektur, Stadtplanung, Landschaftsplanung, Bd. 163, S. 47–66). Kassel: Universität Kassel.

Roth, M. (2012). *Landschaftsbildbewertung in der Landschaftsplanung. Entwicklung und Anwendung einer Methode zur Validierung von Verfahren zur Bewertung des Landschaftsbildes durch internetgestützte Nutzerbefragungen* (IÖR-Schriften, Bd. 59). Berlin: Rhombos-Verlag.

Schemel, H.-J. (2004). Emotionaler Naturschutz – zur Bedeutung von Gefühlen in naturschutzfachlichen Entscheidungsprozessen. *Natur und Landschaft 79* (8), 371–378.

Schemel, H.-J., Laßberg, D. v., Meyer, G., Meyer, W. & Vielhaber, A. (Hrsg.). (2001). *Kommunikation und Umwelt im Tourismus. Empirische Grundlagen und Konzeptbausteine für ein nachhaltiges Verbraucherverhalten im Urlaub* (Umweltforschungsplan des Bundesministeriums für Umwelt, Naturschutz und Reaktorsicherheit, 2001, 2). Berlin: Schmidt.

Schenk, W. (2013). Landschaft als zweifache sekundäre Bildung – historische Aspekte im aktuellen Gebrauch von Landschaft im deutschsprachigen Raum, namentlich in der Geographie. In D. Bruns & O. Kühne (Hrsg.), *Landschaften: Theorie, Praxis und internationale Bezüge* (S. 23–36). Schwerin: Oceano Verlag.

Schlottmann, A. (2005). *RaumSprache. Ost-West-Differenzen in der Berichterstattung zur deutschen Einheit; eine sozialgeographische Theorie* (Geographie, Bd. 4). Stuttgart: Steiner.

Schütz, A. (1971 [1962]). *Gesammelte Aufsätze 1. Das Problem der Wirklichkeit.* Den Haag: Martinus Nijhoff.

Schütz, A. (1971). *Gesammelte Aufsätze 3. Studien zur phänomenologischen Philosophie.* Den Haag: Martinus Nijhoff.

Schütz, A. & Luckmann, T. (2003 [1975]). *Strukturen der Lebenswelt.* Konstanz: UTB.

Seel, M. (1996). *Eine Ästhetik der Natur* (Bd. 1231, 1. Aufl.). Frankfurt am Main: Suhrkamp.

Selman, P. (2010). Learning to Love the Landscapes of Carbon-Neutrality. *Landscape Research 35* (2), 157–171.

Soja, E. W. (1996). *Thirdspace. Journeys to Los Angeles and other real-and-imagined places*. Malden, Oxford: Blackwell Publishers.

Spanier, H. (2008). Mensch und Natur – Reflexionen über unseren Platz in der Natur. In K.-H. Erdmann, J. Löffler & S. Roscher (Hrsg.), *Naturschutz im Kontext einer nachhaltigen Entwicklung. Ansätze, Konzepte, Strategien* (Naturschutz und biologische Vielfalt, Bd. 67, S. 269–292). Bonn: Bundesamt für Naturschutz.

Statistisches Amt Saarland. (2004). *Statistisches Jahrbuch 2004*. Saarbrücken: Statistisches Amt Saarland.

Statistisches Amt Saarland. (2016). *Statistisches Jahrbuch 2016*. Saarbrücken: Statistisches Amt Saarland.

Stemmer, B. (2016). *Kooperative Landschaftsbewertung in der räumlichen Planung. Sozialkonstruktivistische Analyse der Landschaftswahrnehmung der Öffentlichkeit*. Wiesbaden: Springer VS.

Stotten, R. (2015). *Das Konstrukt der bäuerlichen Kulturlandschaft. Perspektiven von Landwirten im Schweizerischen Alpenraum* (alpine space – man & environment, Bd. 15). Innsbruck: Innsbruck University Press.

Stremke, S. (2010). *Designing Sustainable Energy Landscapes. Concepts, Principles and Procedures*. Wageningen: Wageningen University.

Tänzler, D. (2007). Politisches Charisma in der entzauberten Welt. In P. Gostmann & P.-U. Merz-Benz (Hrsg.), *Macht und Herrschaft. Zur Revision zweier soziologischer Grundbegriffe* (S. 107–138). Wiesbaden.

Tessin, W. (2008). *Ästhetik des Angenehmen. Städtische Freiräume zwischen professioneller Ästhetik und Laiengeschmack*. Wiesbaden: VS Verlag für Sozialwissenschaften / GWV Fachverlage GmbH Wiesbaden.

Thibaud, J.-P. (2003). Die sinnliche Umwelt von Städten. Zum Verständnis urbaner Atmosphären. In M. Hauskeller (Hrsg.), *Die Kunst der Wahrnehmung. Beiträge zu einer Philosophie der sinnlichen Erkenntnis*. (S. 280–297). Kusterdingen: SFG-Servicecenter Fachverlage.

Tuan, Y.-F. (1979). *Landscapes of Fear*. Minneapolis: University of Minnesota Press.

Ueda, H. (2009). *A Study on Residential Landscape Perception through Landscape Image. Four Case Studies in German and Japanese Rural Communities*. Kassel: Universität Kassel.

Ueda, H. (2013). The Concept of Landscape in Japan. In D. Bruns & O. Kühne (Hrsg.), *Landschaften: Theorie, Praxis und internationale Bezüge* (S. 115–130). Schwerin: Oceano Verlag.

Urmersbach, V. (2009). *Im Wald, da sind die Räuber. Eine Kulturgeschichte des Waldes* (Kleine Kulturgeschichten). Berlin: Vergangenheitsverlag.

Vicenzotti, V. (2006). Kulturlandschaft und Stadt-Wildnis. In I. Kazal, A. Voigt, A. Weil & A. Zutz (Hrsg.), *Kulturen der Landschaft. Ideen von Kulturlandschaft zwischen Tradition und Modernisierung* (Landschaftsentwicklung und Umweltforschung, Bd. 127, S. 221–236). Berlin: Technische Universität Berlin.

Wahlrecht.de. (2017). Umfragen Saarland. http://www.wahlrecht.de/umfragen/landtage/saarland.htm. Zugegriffen 13.03.2017.

Waldeyer, C. (2016). *Homo hortulanus. Die Sinnzuschreibungen in privaten Hausgartengestaltungen* (Erlebniswelten). Wiesbaden: Springer VS.

Walter, F., Marg, S., Geiges, L. & Butzlaff, F. (Hrsg.). (2013). *Die neue Macht der Bürger. Was motiviert die Protestbewegungen? BP-Gesellschaftsstudie*. Reinbek bei Hamburg: Rowohlt.

Weber, F. (2013). *Soziale Stadt – Politique de la Ville – Politische Logiken. (Re-)Produktion kultureller Differenzierungen in quartiersbezogenen Stadtpolitiken in Deutschland und Frankreich.* Wiesbaden: Springer VS.

Weber, F. (2015). Diskurs – Macht – Landschaft. Potenziale der Diskurs- und Hegemonietheorie von Ernesto Laclau und Chantal Mouffe für die Landschaftsforschung. In S. Kost & A. Schönwald (Hrsg.), *Landschaftswandel – Wandel von Machtstrukturen* (S. 97–112). Wiesbaden: Springer VS.

Weber, F. (2016). The Potential of Discourse Theory for Landscape Research. *Dissertations of Cultural Landscape Commission 31,* 87–102. http://www.krajobraz.kulturowy.us.edu.pl/publikacje.artykuly/31/6.weber.pdf. Zugegriffen 14.07.2016.

Weber, F. (2017). Landschaftsreflexionen am Golf von Neapel. *Déformation professionnelle*, Meer-Stadtlandhybride und Atmosphäre. In O. Kühne, H. Megerle & F. Weber (Hrsg.), *Landschaftsästhetik und Landschaftswandel* (199–214). Wiesbaden: Springer VS.

Weber, F. & Kühne, O. (2016). Räume unter Strom. Eine diskurstheoretische Analyse zu Aushandlungsprozessen im Zuge des Stromnetzausbaus. *Raumforschung und Raumordnung 74* (4), 323–338. doi:10.1007/s13147-016-0417-4

Weber, F., Kühne, O., Jenal, C., Sanio, T., Langer, K. & Igel, M. (2016). Analyse des öffentlichen Diskurses zu gesundheitlichen Auswirkungen von Hochspannungsleitungen – Handlungsempfehlungen für die strahlenschutzbezogene Kommunikation beim Stromnetzausbau. Ressorforschungsbericht. https://doris.bfs.de/jspui/bitstream/urn:nbn:de:0221-2016050414038/3/BfS_2016_3614S80008.pdf. Zugegriffen 01.02.2017.

Weber, F., Roßmeier, A., Jenal, C. & Kühne, O. (2017). Landschaftswandel als Konflikt. Ein Vergleich von Argumentationsmustern beim Windkraft- und beim Stromnetzausbau aus diskurstheoretischer Perspektive. In O. Kühne, H. Megerle & F. Weber (Hrsg.), *Landschaftsästhetik und Landschaftswandel* (215–244). Wiesbaden: Springer VS.

Wetherell, M. & Still, A. (1998). Realism and relativism. In R. Sapsford, A. Still, M. Wetherell, D. Miell & R. Stevens (Hrsg.), *Theory and Social Psychology* (S. 99–114). London: SAGE Publications in association with the Open University.

Wilson, E. O. (1984). *Biophilia.* Cambridge, MA: Harvard University Press.

Wojtkiewicz, W. & Heiland, S. (2012). Landschaftsverständnisse in der Landschaftsplanung. Eine semantische Analyse der Verwendung des Wortes „Landschaft" in kommunalen Landschaftsplänen. *Raumforschung und Raumordnung 70* (2), 133–145.

Zhang, K., Zhao, J. & Bruns, D. (2013). Landschaftsbegriffe in China. In D. Bruns & O. Kühne (Hrsg.), *Landschaften: Theorie, Praxis und internationale Bezüge* (S. 133–150). Schwerin: Oceano Verlag.

The manufacturer's authorised representative in the EU is Springer
Nature Customer Service Centre GmbH, Europaplatz 3, 69115 Heidelberg,
Germany. If you have any concerns regarding our products, please
contact ProductSafety@springernature.com

Printed and bound by CPI Group (UK) Ltd, Croydon, CR0 4YY
30/04/2026
02100216-0005